Handelsschiff-Normen-Ausschuss (Hg.)

# Einrichtung und Betrieb elektrischer Anlagen auf Handelsschiffen

*Amtliche Vorschriften (1931)*

Handelsschiff-Normen-Ausschuss (Hg.)

**Einrichtung und Betrieb elektrischer Anlagen auf Handelsschiffen**

Amtliche Vorschriften (1931)

ISBN/EAN: 9783954271795
Erscheinungsjahr: 2012
Erscheinungsort: Bremen, Deutschland

© maritimepress in Europäischer Hochschulverlag GmbH & Co. KG, Fahrenheitstr. 1, 28359 Bremen. Alle Rechte beim Verlag und bei den jeweiligen Lizenzgebern.

www.maritimepress.de | office@maritimepress.de

Bei diesem Titel handelt es sich um den Nachdruck eines historischen, lange vergriffenen Buches. Da elektronische Druckvorlagen für diese Titel nicht existieren, musste auf alte Vorlagen zurückgegriffen werden. Hieraus zwangsläufig resultierende Qualitätsverluste bitten wir zu entschuldigen.

**Handelsschiff-Normen-Ausschuß**

DIN HNA BVE 1

# Vorschriften

für die

Einrichtung und den Betrieb
elektrischer Anlagen
auf Handelsschiffen

**Ausgabe 1931**

(4. neubearbeitete Auflage)

# Vorwort zur 4. Auflage

Die „Vorschriften für die Einrichtung und den Betrieb elektrischer Anlagen auf Handelsschiffen", Ausgabe 1931, sind zur Vereinfachung und Erleichterung im Verkehr der Lieferanten mit den Werften und Reedereien vom HNA herausgegeben.

Durch die Ausgabe dieser 4. Auflage werden die vorhergehenden Auflagen ungültig.

Die „Vorschriften für die Einrichtung und den Betrieb elektrischer Anlagen auf Handelsschiffen" sollen den Beaufsichtigern und Abnahmebeamten sowie den Personen, die mit elektrischen Anlagen auf Handelsschiffen zu tun haben, als Handbuch dienen.

In diesen Vorschriften sind alle an die Projektierung, Ausführung und Abnahme von elektrischen Anlagen auf Handelsschiffen vom HNA gestellten Anforderungen niedergelegt.

Die Vorschriften des Germanischen Lloyd, der Seeberufsgenossenschaft und die Bestimmungen des Verbandes Deutscher Elektrotechniker (VDE) sind berücksichtigt.

Eine besondere Kommission aus Vertretern des HNA und der Elektro-Industrie hat diese 4. Auflage neu bearbeitet. Durch die inzwischen erfolgte Weiterentwicklung der elektrischen Bordanlagen wurde die Neubearbeitung nötig.

Der HNA ist inzwischen dem Deutschen Normenausschuß (DNA) angegliedert und die Geschäftsstelle des HNA nach Berlin verlegt worden.

Die Vorschriften sind zu beziehen durch den Beuth-Verlag GmbH, Berlin S 14, Dresdener Straße 97, der den Alleinvertrieb sämtlicher Druckschriften und Normblätter des HNA hat.

Handelsschiff-Normen-Ausschuß HNA
**Dinorm**
Berlin NW 7, Dorotheenstraße 47

# Inhalt

|     | Seite |
|---|---|
| I. Allgemeine Bestimmungen | 1 |
| II. Stromart und Spannung | 2 |
| III. Ausführung des Leitungsnetzes | 2 |
|     1. Einleiteranlage | 2 |
|     2. Zweileiteranlage | 4 |
|     3. Dreileiteranlage | 4 |
| IV. Primäranlage | 4 |
|     1. Hauptstation | 4 |
|         a) Kolbendampfgenerator | 4 |
|         b) Oelmaschinengenerator | 6 |
|         c) Turbogenerator | 6 |
|     2. Notstation | 6 |
| V. Elektrische Maschinen | 7 |
|     1. Generator | 7 |
|     2. Motor | 7 |
|     3. Umformer | 7 |
|     4. Einankerumformer | 7 |
|     5. Motorgenerator | 7 |
|     6. Allgemeines | 7 |
|         a) Drehsinn | 7 |
|         b) Leistung | 7 |
|         c) Erwärmung | 8 |
|         d) Ueberlastung | 9 |
|         e) Wirkungsgrad | 9 |
|         f) Regelbereich | 10 |
|         g) Isolationswert | 10 |
|         h) Aufstellung | 10 |
|     7. Betriebsarten | 11 |
|         a) Dauerbetrieb (DB) | 11 |
|         b) Kurzzeitiger Betrieb (KB) | 11 |
|         c) Aussetzender Betrieb (AB) | 12 |

|  | Seite |
|---|---|

8. Konstruktion . . . . . . . . . . . . . 13
   a) Offene Maschinen . . . . . . . . . 13
   b) Geschützte Maschinen . . . . . . . 13
   c) Geschlossene Maschinen mit Rohranschluß 13
   d) Geschlossene Maschinen mit Mantelkühlung . . . . . . . . . . . . . 13
   e) Schlagwettergeschützte Maschinen . . . 13
   f) Allgemeines . . . . . . . . . . . . 14

VI. **Anlasser und Steuergeräte** . . . . . . . . 18
VII. **Schaltanlagen** . . . . . . . . . . . . . 20
   1. Hauptstation . . . . . . . . . . . . 20
   2. Notstation . . . . . . . . . . . . 22
   3. Verteilungstationen . . . . . . . . . 22
   4. Allgemeines . . . . . . . . . . . . 23
VIII. **Das Leitungsnetz** . . . . . . . . . . . 24
   1. Unterteilung . . . . . . . . . . . . 24
   2. Verwendung des Leitungsmaterials . . . . 24
   3. Bemessung der Querschnitte . . . . . . 26
   4. Sicherungen . . . . . . . . . . . . 27
   5. Leitungsarmaturen . . . . . . . . . 27
   6. Verlegung und Isolation . . . . . . . 28
IX. **Beleuchtungsanlage** . . . . . . . . . . 31
   1. Allgemeines . . . . . . . . . . . . 31
   2. Glühlampen und Beleuchtungskörper . . . 35
X. **Kraftanlage** . . . . . . . . . . . . . 36
XI. **Fernmeldeanlagen** . . . . . . . . . . . 37
   1. Allgemeines . . . . . . . . . . . . 37
   2. Maschinentelegraphen-Anlage . . . . . . 40
   3. Rudertelegraphen-Anlage . . . . . . . 41
   4. Ruderzeiger-Anlage . . . . . . . . . 41
   5. Dock- und Ankertelegraphen . . . . . . 41
   6. Kesseltelegraphen-Anlage . . . . . . . 42
   7. Umdrehungsfernzeiger-Anlage . . . . . . 42

|  | Seite |
|---|---|
| 8. Schottenkontakt-Anlage | 42 |
| 9. Feuermelde-Anlage | 42 |
| 10. Alarm-Anlage | 43 |
| 11. Uhren-Anlage | 43 |
| 12. Lautfernsprecher-Anlagen | 43 |
| 13. Fernsprech-Anlage | 44 |
| 14. Klingel- und Lichtsignal-Anlagen | 44 |
| 15. Temperatur-Meßanlagen | 45 |
| **XII. Abnahme** | 45 |
| **XIII. Zeichnungen und Materialproben** | 45 |
| **XIV. Ersatzteile** | 47 |
| 1. Antriebsmaschinen von Generatoren | 47 |
| 2. Elektrische Maschinen | 48 |
| 3. Elektrische Apparate, Lampen und Sicherungen | 50 |
| **XV. Anhang** | 51 |
| 1. Verzeichnis der DIN HNA/E-Normen | 51 |
| 2. Leistungstafel kW umgerechnet in PS | 70 |
| 3. Einheiten Kurzzeichen nach DIN 1301 | 73 |

# Handelsschiff-Normen-Ausschuß

## HNA-
## Vorschriften für die Einrichtung und den Betrieb elektrischer Anlagen auf Handelsschiffen

### I. Allgemeine Bestimmungen

Diese Vorschriften werden bei der elektrischen Ausrüstung von seegehenden Handelsschiffen angewendet und sind von nachstehenden Behörden und Körperschaften anerkannt:

Germanischer Lloyd (GL)

See-Berufsgenossenschaft (SBG)

Verband Deutscher Elektrotechniker (VDE).

Sofern nicht in der nachfolgenden Bauvorschrift Sonderbestimmungen getroffen sind, gelten die vom VDE herausgegebenen Bestimmungen für Maschinen, Geräte, Leitungen usw.

Im Sinne dieser Vorschriften sind Passagierschiffe solche Schiffe, die ein deutsches Passagierzertifikat besitzen. Tankschiffe sind Schiffe, die Mineral-Oel oder andere leicht entzündbare Flüssigkeiten in durchweg als Tanks ausgebildeten Laderäumen führen; dagegen nicht Schiffe, die Oel als eigenen Betriebstoff in Tanks mitführen.

## II. Stromart und Spannung

Als normale Stromart für Licht- und Kraftanlagen gilt Gleichstrom von 110 oder 220 V Netzspannung.

Die Betriebs- oder Netzspannung ist die mittlere Spannung an den Klemmen der Verbraucher.

Nennspannung ist die Spannung, für die Stromverbraucher, Maschinen, Lampen usw. entweder gebaut oder mit der sie bezeichnet sind. (Bestellwerte, Listenwerte).

Bei Drehstrom bedeutet Spannung die verkettete Spannung (Spannung zwischen 2 oder 3 Phasen) und Sternspannung die Spannung einer Phase gegen den Nullpunkt. Frequenz ist die Zahl der vollen Perioden in der Sekunde (Hz = Hertz).

Bei Bleiakkumulatoren als Stromerzeuger gilt als Netzspannung die doppelte Zellenzahl.

Für Fernmeldeanlagen wird Gleichstrom und Wechselstrom angewendet.

Siehe Tafeln Seite 3.

## III. Ausführung des Leitungsnetzes

1. **Einleiteranlage.** Bei dieser Anlage dient der Schiffskörper als Rückleitung. Der + Pol ist der isoliert verlegte; der — Pol der elektrischen Maschinen und sämtlicher Stromverbraucher (mit Ausnahme der in der Kompaßzone) ist auf kürzestem Wege an den Schiffskörper anzuschließen. Diese Anlage wird für Gleichstrom von 110 und 220 V Betriebspannung verwendet.

## Tafel 1
## Normale Spannungen für Licht- und Kraftanlagen

### Gleichstrom

| Normale Betriebs-Spannung | Nennspannung | | |
|---|---|---|---|
| | für Generatoren | für Motoren | für Licht |
| 110 | 115 | 110 | 110 |
| 220 | 230 | 220 | 220 |

### Drehstrom bzw. Wechselstrom von 50 Hz

| Normale Betriebs-Spannung | Nennspannung | | |
|---|---|---|---|
| | für Generatoren | für Motoren | für Licht |
| 110/190 | 115/200 | 110/190 | 110 |

## Normale Spannungen für Fernmeldeanlagen nebst zugehörender Apparate-Innenbeleuchtung

| Gleichstrom | | | | | | |
|---|---|---|---|---|---|---|
| 4 | 6 | 12 | 24 | 60 | 110 | 220 |

| Wechselstrom von 50 Hz | | |
|---|---|---|
| 36 | 42 | 75 |

2. **Zweileiteranlage.** Beide Pole sind isoliert vom Schiffskörper zu verlegen. Diese Verlegungsart muß auf Tankschiffen bei jeder Spannung und Stromart angewendet werden.

3. **Dreileiteranlage.** Die Außenleiter sind isoliert zu verlegen, als Mittel- oder Nulleiter dient der Schiffskörper, er kann auch durch eine besondere Leitung ersetzt werden. Diese Dreileiteranlagen können verwendet werden bei Gleichstrom-Anlagen, in denen Motoren und größere Heizkörper (Herde u. dgl.) an die Außenleiter und das Licht, sowie kleinere Stromverbraucher, an Außenleiter und Nulleiter angeschlossen werden.

## IV. Primäranlagen

### 1. Hauptstation

a) Kolbendampfgenerator

Dampfgeneratoren erhalten die in Tafel 2 Seite 5 nach HNA-Normblatt EM 1a aufgeführten Leistungen, Abmessungen und Drehzahlen.

Dampfmaschinen für Passagierschiffe dürfen einen Ungleichförmigkeitsgrad von höchstens 1:150, für Frachtschiffe von höchstens 1:100 haben. Folgende Lagerdrücke ohne Berücksichtigung der Massendrücke dürfen nicht überschritten werden:

| | | |
|---|---|---|
| für Grundlager | 15 | kg/cm$^2$ |
| für Kurbellager | 30 | ,, |
| für Kreuzkopflager | 60 | ,, |

## Tafel 2

Bei Raumtemperatur von 35° C / 45° C

| Größe | Leistungsabgabe kW (35°C) | Drehzahl U/min (35°C) | Leistungsabgabe kW (45°C) | Drehzahl U/min (45°C) | Gewicht kg ~ | Ausführung |
|---|---|---|---|---|---|---|
| 1 | 2,5 | 500 | 2 | 530 | 285 | nach E M 2a |
| 2 | 5 | 500 | 4,5 | 530 | 330 | nach E M 2a |
| 3 | 7,5 | 450 | 6,5 | 475 | 425 | nach E M 2a |
| 4 | 10 | 450 | 8,5 | 475 | 570 | nach E M 2a |
| 5 | 12,5 | 400 | 11 | 425 | 630 | nach E M 2a |
| 6 | 15 | 400 | 13 | 425 | 740 | nach E M 2a |
| 7 | 20 | 350 | 17 | 370 | 1270 | nach E M 3a |
| 8 | 25 | 350 | 22 | 370 | 1550 | nach E M 3a |
| 9 | 30 | 325 | 26 | 345 | 1800 | nach E M 3a |
| 10 | 40 | 325 | 35 | 345 | 2100 | nach E M 3a |
| 11 | 50 | 325 | 43 | 345 | 2400 | nach E M 3a |
| 12 | 75 | 300 | 65 | 315 | 3000 | nach E M 3a |
| 13 | 100 | 300 | 86 | 315 | 3500 | nach E M 3a |

Falls die Lager der Generatoren eine zusätzliche Belastung von der Antriebseite aus aufzunehmen haben, ist dieses bei Beschaffung der Generatoren besonders zu bemerken.

b) Oelmaschinengenerator

Ausführung der Drehzahlen möglichst wie bei Kolbendampfgeneratoren. Bei größeren Drehzahlen ist der Ungleichförmigkeitsgrad entsprechend zu verringern.

c) Turbogenerator

Es empfiehlt sich, nach bisherigen Erfahrungen nicht kleinere Einheiten als 100 kW zu verwenden, abgesehen von Sonderfällen. Es soll ein Sicherheitsregulator vorhanden sein, der die Maschinen bei Erhöhung der Drehzahl um 10 % selbsttätig abstellt.

## 2. Notstation

Notgeneratoren werden auf Schiffen mit Passagierzertifikat aufgestellt und zwar oberhalb der Wasserlinie, um auch in schweren Kollisionsfällen betriebsbereit zu sein. Ihr Antrieb erfolgt in der Regel durch einen kompressorlosen Dieselmotor. Das Anlassen soll unter allen Umständen schnell und sicher möglich sein, entweder von Hand oder mit Druckluft.

## V. Elektrische Maschinen

1. Generator

Generator (Stromerzeuger) ist eine umlaufende Maschine, die mechanische Leistung in elektrische Leistung umwandelt.

2. Motor

Motor ist eine umlaufende Maschine, die elektrische Leistung in mechanische Leistung umwandelt.

3. Umformer

Umformer ist eine umlaufende Maschine, oder ein Maschinensatz zur Umwandlung elektrischer Leistung in elektrische Leistung.

4. Einankerumformer

Einankerumformer ist ein Umformer, in dem die Umwandlung in einem Anker stattfindet.

5. Motorgenerator

Motorgenerator ist ein Umformer, der aus je einem oder mehreren direkt gekuppelten Motoren und Generatoren besteht.

6. Allgemeines

a) Drehsinn, — Rechtslauf im Uhrzeigersinn —, Linkslauf entgegen dem Uhrzeigersinn —, ist bei elektrischen Maschinen stets von der Kupplungseite aus gesehen.

b) Leistung

Als Leistung gilt bei allen Maschinen die abgegebene.

Bei Generatoren für Gleichstrom ist die Nennleistung in kW (Kilowatt) und für Wechselstrom in kVA (Kilovoltampere) angegeben.

Bei Motoren ist als Nennleistung die an der Welle abgegebene Dauerleistung, als Nenndrehzahl, die der Nennleistung entsprechende Drehzahl, die bei normaler Erwärmung erreicht wird, angegeben. Motoren ohne Regelbereich sind nach DIN VDE 2000 zu wählen.

Jede Maschine muß ein Leistungschild tragen, das folgende Angaben enthalten soll:

Hersteller- oder Ursprungszeichen, Modellbezeichnung, Fabriknummer, Baujahr, Stromart, Arbeitsweise, Betriebsart, Nennspannung, Nennleistung, Nenndrehzahl, gegebenenfalls Nennerregerspannung oder Erregerstrom bei Nennbetrieb, sowie bei Wechselstrom Nennfrequenz und Nennleistungsfaktor.

Das Schild soll so angebracht sein, daß es auch im Betriebe bequem abgelesen werden kann.

c) Erwärmung

Die Leistung muß bei einer Raumtemperatur von 35° C erreicht werden und ist als Dauerleistung aufzugeben. Bei Nennleistung soll die Temperatur bei einer Raumtemperatur von 35° C folgende Werte nicht übersteigen:

### Grenztemperaturen

| | |
|---|---|
| Anker (getränkte Baumwollisolierung) | 95° C |
| Feldspulen, Wendepolspulen isoliert | 95° C |
| Kommutator | 95° C |

Bei höherer Raumtemperatur ist die Maschinentype so zu wählen, daß die Grenztemperaturen nicht überschritten werden. Die Temperaturmessungen an Bord sind mittels Thermometer vorzunehmen. Der Beharrungszustand gilt nach einem Nennbetrieb von 8 Stunden als erreicht.

d) Ueberlastung

Generatoren für Dauerbetrieb sollen vom kalten Zustande aus unter Einhaltung der Temperaturgrenze während 30 min um 25 % überlastungsfähig sein. Sie sollen auch im betriebswarmen Zustande während 2 min den 1,5-fachen Nennstrom ohne Beschädigung oder bleibende Formänderung aushalten. Eine 25 %ige Ueberlastung muß bei Nennspannung ausgehalten werden, ohne daß die Kommutatoren angegriffen werden.

e) Wirkungsgrad

Wirkungsgrad ist das Verhältnis der abgegebenen zur zugeführten Leistung. Er kann durch direkte Messungen der Leistungen und indirekt durch Messung der Verluste bestimmt werden. Die indirekte Methode ist im allgemeinen als leichter durchführbar und eindeutiger vorzuziehen.

Der Wirkungsgrad soll sich stets auf den dem Nennbetrieb entsprechenden betriebswarmen Zustand beziehen. Bei fremderregten Maschinen ist der Fremdstrom als Verlust in Rechnung zu setzen. Ebenfalls ist bei Maschinen mit Fremdlüftung die für die Kühlung erforderliche Leistung in Rechnung zu stellen.

Im übrigen gelten die „Regeln für die Bewertung und Prüfung von elektrischen Maschinen R. E. M." des VDE.

f) Regelbereich

Bei Gleichstrommotoren mit Nebenschlußregelung ist DIN VDE 2001, das einen Regelbereich von 1 : 1,5 und 1 : 2 und 1 : 3 bei Motoren von 1 bis 80 kW umkehrbar ohne Bürstenverschiebung zuläßt, sinngemäß zu entsprechen. Eine Ausnahme machen hiervon die Sonderantriebe, wie Ladewinden, Ankerwinden usw. Kompoundmotoren mit Hauptstromcharakteristik; diese müssen soviel Nebenschlußerregung haben, daß der Drehzahlanstieg beim Abschalten der Kompoundwicklung nicht unzulässig hoch wird.

g) Isolationswert

Die Messung des Isolationswiderstandes gilt nicht als Beweis für die Durchschlagsfestigkeit. Die Maschinen sind auf dem Werk mit 2 × Nennspannung + 1000 V Wechselstrom 1 min lang zu prüfen.

h) Aufstellung

Generatoren sind gegen Tropf- und Spritzwasser zu schützen. Die Schutzbleche sind so auszuführen, daß ein Ablegen von Werkzeugen auf ihnen nicht möglich ist.

Liegt der Entflammungspunkt des Brennstoffes eines Antriebsmotors unter 30° C, so dürfen in diesem Raum oder in dem Raum, in dem sich der

Vorratsbehälter befindet, Generatoren, Motoren und Apparate wie Schalter, Sicherungen usw. nur schlagwettergeschützt verwendet werden. Fremdbelüftung der Generatoren und Motoren mit besonderen Rohranschlüssen für Zu- und Abluft ist als gleichwertig zu erachten.

7. Betriebsarten

a) Dauerbetrieb (DB)

Die Betriebszeit ist so lang, daß die dem Beharrungszustand entsprechende Endtemperatur erreicht wird.

Die Nennleistung (Dauerleistung) muß beliebig lange Zeit hindurch abgegeben werden können, ohne daß die Temperatur hierbei die angebenen Grenzen überschreitet; dabei müssen alle anderen Bestimmungen erfüllt werden.

b) Kurzzeitiger Betrieb (KB)

Die durch Vereinbarung bestimmte Betriebszeit ist so kurz, daß die Beharrungstemperatur nicht erreicht wird. Die Betriebspause, während der die Maschine spannungslos ist, ist lang genug, daß die Abkühlung auf die Temperatur des Kühlmittels erreicht wird.

Die Nennleistung (Zeitleistung) muß die vereinbarte Betriebszeit hindurch abgegeben werden, ohne daß die Temperatur hierbei die angegebenen Grenzen überschreitet; dabei müssen alle anderen Bestimmungen erfüllt werden.

Bei der Wahl der Motorgrößen muß außer der Erwärmung auch die Größe des Anzugsmomentes berücksichtigt werden.

c) Aussetzender Betrieb (AB)

Einschaltzeiten wechseln mit spannungslosen Pausen ab, deren Dauer nicht genügt, daß die Abkühlung auf die Temperatur des Kühlmittels erreicht wird. Die gesamte Spieldauer, die sich aus Einschaltzeit und spannungsloser Pause zusammensetzt, beträgt höchstens 10 min.

Der aussetzende Betrieb wird durch die relative Einschaltdauer gekennzeichnet. Relative Einschaltdauer ist das Verhältnis von Einschaltzeit zur Spieldauer.

Als normale Werte der relativen Einschaltdauer gelten 15, 25, 40 %.

Die Nennleistung (Aussetzleistung) muß bei regelmäßigem Spiel mit der angegebenen relativen Einschaltdauer beliebig lange abgegeben werden können, ohne daß die Temperatur hierbei die angegebenen Grenzwerte überschreitet; dabei müssen alle anderen Bestimmungen erfüllt werden.

Bei unregelmäßiger Größe der Spieldauer und ihrer Teile ist die relative Einschaltdauer aus dem Verhältnis der Summe der Einschaltzeiten zur Summe der Spieldauern über eine genügend lange Betriebsperiode (jedoch höchstens 8 h) zu betrachten. Wiederholen sich gleichartige Spiele nach einer bestimmten Zeit, so genügt die Summierung über diese Zeit.

8. Konstruktion

a) Offene Maschinen

Die Zugänglichkeit der stromführenden und inneren umlaufenden Teile ist nicht wesentlich erschwert.

b) Geschützte Maschinen

Gegen zufällige oder fahrlässige Berührung der stromführenden und inneren umlaufenden Teile ist eine Blechverkleidung zulässig. Das Zuströmen von Kühlluft aus dem umgebenden Raum und die Zugänglichkeit zum Kommutator dürfen hierdurch nicht behindert werden. Die Anwendung von Eigenlüftung ist zulässig.

c) Geschlossene Maschinen mit Rohranschluß

Die Maschine ist bis auf die an Rohre oder andere Luftleitungen angeschlossenen Zuluft- und Abluftstutzen allseitig abgeschlossen.

d) Geschlossene Maschinen mit Mantelkühlung

Die stromführenden und inneren umlaufenden Teile sind allseitig abgeschlossen. Die Maschine wird durch Eigenlüftung der Außenfläche gekühlt.

e) Schlagwettergeschützte Maschinen

Die Maschinen sind so gebaut, daß sie eine Explosion der in ihr Inneres gelangten Gase aushalten und die Uebertragung an die Umgebung verhindern.

f) Allgemeines

Aeußere Abmessungen

Die äußeren Abmessungen der Generatoren, soweit sie genormt sind, sollen den HNA-Normblättern EM 2a und 3a entsprechen. Die Hauptabmessungen der Motoren sind den DIN VDE-Normen anzupassen. Bei der Konstruktion ist darauf Rücksicht zu nehmen, daß hervorstehende Teile an Bord nicht beschädigt werden können. Vertikale Pumpenmotoren sind mit Befestigungsflansch (Laterne) nach DIN VDE 2941 auszuführen. Schrauben unter 3/8" sind bei größeren Maschinen zu vermeiden.

Lager

Die Lager der Generatoren und Motoren erhalten Ringschmierung, die so ausgebildet ist, daß bei 15° Schlagseite des Schiffes kein Oel auslaufen kann und ein sicherer Umlauf des Schmierringes gewährleistet ist. Es können auch bewährte Kugel- oder Rollenlager verwendet werden.

Kupplung

Die Ankerwellen für die Generatoren sind mit angeschmiedetem Kupplungsflansch nach HNA-Normblättern EM 2a und 3a, Motoren sind mit genormten Wellenstümpfen nach DIN VDE 2910 auszuführen.

Ankerkörper

Bei Antrieb durch Oelmaschinen ist der Ankerkörper besonders solide auf der Ankerwelle zu befestigen, damit er nicht losgerüttelt wird.

### Magnetgestell

Generatoren bis 50 kW erhalten ungeteiltes nicht durchhängendes Magnetgestell mit Bügellager an der Kommutatorseite. Dagegen sind Generatoren von 75 kW an mit geteiltem Magnetgestell sowie geteilten Wicklungen für dieses und Bocklager auszuführen.

### Wicklungen

Alle Wicklungen sind in Elektrolytkupfer auszuführen und mit einer Sonderisolation mit Feuchtigkeitschutz zu versehen. Diese Sonderisolation soll so ausgeführt sein, daß ein sicherer Schutz gegen Feuchtigkeit durch Seeluft und gegen Oeldämpfe gewährleistet wird.

### Wendepole und Kommutierung

Auf besonders gute Kommutierung und geringe Lamellenspannung ist Wert zu legen.

Die weitestgehende Anwendung von Wendepolen ist mit Rücksicht auf eine gute Kommutierung zu fordern. Sowohl bei Generatoren wie auch bei Motoren ist eine einwandfreie Kommutierung bei jeder Belastung ohne Bürstenverschiebung zu erreichen.

Die richtige Bürstenstellung ist durch eine dauerhafte Marke zu kennzeichnen.

Kompoundierung

Generatoren mit stark wechselnder Belastung sind mit Doppelschluß-(Verbund-)Wicklung auszurüsten. Für Parallelbetrieb von Generatoren ist Ueberkompoundierung zu vermeiden. Eine Kompoundierungskurve ist für jede Maschine aufzunehmen. In besonderen Fällen können zum Konstanthalten der Spannung noch andere Einrichtungen angewendet werden.

Kommutator

Die Kommutatorsegmente sind aus hartgezogenem Kupfer herzustellen und mit Kollektor-Mikanit zu isolieren.

Der Kommutator soll reichlich breit und stark bemessen sein. Die Abnutzungstiefe soll wenigstens betragen bei:

| | | |
|---|---|---|
| | 2,5 bis 10 kW | 8 mm |
| über | 10 bis 20 kW | 10 mm |
| über | 20 bis 100 kW | 12 mm |
| über | 100 bis 300 kW | 15 mm |

Abschleifvorrichtung

Alle Generatoren über 50 kW sind mit einer Vorrichtung (Arbeitsleiste) zu versehen, die es ermöglicht, eine Abschleifvorrichtung anzubringen, um ein Schlagen oder Ausarbeiten des Kommutators beseitigen zu können. Diese ist nur auf besonderes Verlangen mitzuliefern. Ein Satz Glimmer-Schaber ist für jedes Schiff mitzuliefern.

Bürstenbrücke

Für die Verschraubungen und Bürstenhalter sind verzinnte Bronzemuttern und -bolzen zu verwenden. Die Bürstenbrücke muß sich ohne großen Zeitaufwand verschieben lassen.

Kohlebürsten

Sämtliche zur Verwendung kommenden Kohlebürsten müssen DIN VDE 2900 Blatt 1 und 2 entsprechen.

Kabelanschlußkasten

Offene, geschützte und geschlossene Maschinen mit Rohranschluß, sofern sie nicht frei an Deck oder sonstwie ungeschützt stehen, erhalten die üblichen Klemmenkasten mit Messingschrauben, während geschlossene Maschinen mit Mantelkühlung und schlagwettergeschützte Maschinen Kabelanschlußkasten mit Stopfbüchsen oder Rohranschlüssen erhalten. Die Klemmenbezeichnung ist nach den entsprechenden Bestimmungen des VDE vorzunehmen.

Klemmenverbindungen

Für diese sind nur feuerverzinnte Schrauben zu verwenden. Um ein Festrosten zu verhindern, ist bei Verschraubungen Nichteisenmetall auf Stahl zu verwenden.

Drehzahl und Spannungsschwankung

Die Maschinen müssen im Leerlauf eine um 20 % erhöhte Drehzahl 2 min lang aushalten können. Bei plötzlicher Entlastung der Generatoren um rund 25 % und gleichbleibender Drehzahl darf die Spannungserhöhung bei Nebenschlußgeneratoren von 15 kW an rund 8 %, bei Doppelschlußgeneratoren aller Leistungen rund 3 % ohne Aenderung des Nebenschlußreglers nicht überschreiten. Der Anker ist statisch und dynamisch auszuwuchten und 2 min mit einer 20 % höheren Drehzahl laufen zu lassen.

## VI. Anlasser und Steuergeräte

Feldregler der Generatoren sollen von der Schalttafel aus zu bedienen sein und sich dem Aufbau der Schalttafel anpassen.

Beim Rechtsdrehen (im Sinne des Uhrzeigers) der Regler erfolgt Steigen der Spannung bzw. der Drehzahl. Für die Betätigung der Steuergeräte für Deckhilfsmaschinen gelten folgende Richtlinien:

Für Heben rechts drehen bzw. Druck- oder Aufwärtsbewegung.

Für Senken links drehen bzw. Zug- oder Abwärtsbewegung.

Anlasser für Motoren sind reichlich zu bemessen. Anlasser und Steuergeräte sind als luft- oder ölgekühlte Widerstandsanlasser auszuführen. Das Gehäuse ist spritzwasserdicht auszuführen und nach Bedarf oben und unten mit Lüftungshauben zu versehen. Dieser Schutz ist nicht erforderlich bei in Schalttafeln eingebauten Apparaten. Alle Anlasser sind mit Spannungsrückgangspulen auszuführen, die direkt an das Netz angeschlossen sind. Jeder Anlasser muß entweder mechanisch oder elektrisch ausschaltbar sein. Bei der Konstruktion ist darauf Rücksicht zu nehmen, daß bei äußeren Verschraubungen Nichteisenmetall auf Stahl verwendet wird und im Anlasser selbst alle wesentlichen Teile aus Nichteisenmetall hergestellt werden. Auf einen genügenden Luftabstand von mindestens 8 mm zwischen stromführenden Teilen und Körper ist zu achten. Die Art der Kabelanschlüsse bei Anlassern, Steuergeräten und Widerständen ist übereinstimmend mit den zugehörenden Motoren auszuführen. Oelanlasser können für Leistungen über 10 kW verwendet werden, über 50 kW sind sie mit einem Explosionstutzen zu versehen. Die Oelanlasser müssen vorübergehende Neigungen bis 30 Grad sowie dauernde Schräglage bis 10 Grad beliebiger Richtung ohne Gefahr des Oelauslaufens zulassen. Für die Oelanlasser und Schalter ist zum Auffüllen nur das vorschriftsmäßige Oel zu verwenden. Die Oeltemperatur soll bei dreimaligem Anlassen in der Stunde 115° C nicht überschreiten.

Bei getrennt vom Anlasser angeordnetem Nebenschlußregler ist eine Anweisung anzubringen mit dem Wortlaut: „Vor Anlassen ist Regler auf volles Feld zurückzustellen."

Für große Motoren mit Ueberstromschütz ist das Steuergerät so mit dem Schütz zu verriegeln, daß dieses erst in der Nullstellung des Steuergerätes wieder eingelegt werden kann.

Fernauslösung der Anlasser

Bei einigen Antriebsmaschinen ist es erforderlich, den Anlasser von einer entfernten Stelle aus auslösen zu können. In diesem Falle wird z. B. die Nullspannungspule durch einen Auslösekontakt stromlos gemacht.

## VII. Schaltanlagen

1. Hauptstation

Die Schaltung der Primäranlage, ob Parallel- oder Parallel- mit Sicherheitschaltung oder Wahlschaltung, sowie die Stromkreisverteilung erfolgt jeweils nach Wunsch der Reederei. Die Hauptschaltanlage soll möglichst in einer einzigen übersichtlich angeordneten Schalttafel untergebracht werden. Die Aufstellung soll möglichst querschiffs an einer geschützten Stelle erfolgen. Rohrleitungen und Druckluftkanäle über und hinter der Schalttafel sind grundsätzlich nicht zulässig. Ebenso dürfen sich in ihrer Nähe keine beweglichen Maschinenteile, Gestänge usw. befinden. Dies gilt auch für Not- und Verteilungsstationen. Die Aufstellung soll so geräumig sein, daß hinter der Tafel ein Bedienungsraum von mindestens 800 mm Tiefe frei bleibt. Der Bedienungsraum hinter der Tafel ist durch eine Tür abzuschließen.

Die ganze Höhe der Tafel soll etwa 2200 mm nicht überschreiten. Blanke, stromführende Teile dürfen nicht tiefer als 250 mm über der Fußhöhe der Tafel angebracht werden.

Die H a u p t s c h a l t t a f e l soll alle zur Bedienung und Sicherung der Anlage erforderlichen Instrumente, Schalter und Sicherungen enthalten und zwar für jeden Generator:

1 Hauptschalter mit Sicherung oder
1 Selbstschalter mit Ueberstrom-Auslösung, nötigenfalls Rückstromspule bzw. Rückstromrelais mit Spannungspule,
1 Strommesser,
1 Spannungsmesser.

Die Schaltung geschieht nach den Schaltbildern der HNA-Normblätter Lt 48a, 49a, 50a und 51a.

Für jeden Stromkreis oder Motor ist ein Ausschalter mit Sicherung bzw. Selbstschalter vorzusehen. Bei größeren Leistungen, z. B. Ankerspillmotor, sind Selbstschalter mit Zeitauslösung einzubauen, die auch in der Nähe des betr. Motors eingebaut werden können; die Leitung ist dann entsprechend zu sichern. Die Schaltmesser sollen im geöffneten Zustande spannungslos sein. Bei zweipolig verlegten Anlagen ist ein Schiffsschlußprüfer einzubauen.

Bei Anlagen mit 3 oder mehr Generatoren erhalten zur Ueberwachung der Stromverteilung die wichtigen von der Hauptschalttafel abgehenden Stromkreise einen gemeinsamen Strommesser. An den Strommesserumschalter sollen nicht mehr als 12 Stromkreise oder große Stromverbraucher gelegt werden.

Die Schalttafel kann aus Marmor, feuersicherem Isolierstoff oder aus Stahlblech hergestellt werden. Auf Uebersichtlichkeit und Zugänglichkeit der Schalttafel ist der größte Wert zu legen. Die Sammelschienen und Verbindungsleitungen sind so zu bemessen, daß ihre Temperaturzunahme bei voller Belastung im Beharrungszustand nicht mehr als 30° C beträgt. Die Leitungschienen sind entsprechend der Polarität rot — plus, blau — minus, gelb — Null zu streichen. Der Luftabstand blanker Leitungsteile gleicher Pole untereinander soll mindestens 10 mm, zwischen blanken Teilen verschiedener Pole oder gegen Schiff mindestens 20 mm betragen.

2. Notstation

Die Notbeleuchtung ist möglichst von der Notstation aus zu schalten. Die Lampen selbst erhalten keine Schalter. Bei gleicher Betriebsspannung ist die Notschalttafel so mit der Hauptschaltanlage zu verbinden, daß eine Speisung der Notschalttafel über die Hauptschalttafel möglich ist.

3. Verteilungstationen

Die Verteilungstafeln sind in der Nähe der Stromverbraucher anzubringen und müssen verschließbar eingerichtet sein. Alle Schlösser hierfür erhalten gleiche Schlüssel. Von den Verteilungstafeln dürfen nur soviel Zweigleitungen abgehen, daß sie übersichtlich und zweckmäßig angebracht werden können.

Anstelle von Sicherungen können auch Installations-Selbstschalter verwendet werden.

### 4. Allgemeines

Sämtliche Schrauben, Muttern, Bolzen und dgl. sind sachgemäß zu sichern, so daß durch Erschütterungen kein Lösen der Verschraubungen möglich ist. Schwächere Verbindungen, die auch bei einer Demontage nicht gelöst zu werden brauchen, sind zu nieten und zu verlöten. Die Enden der Kabel sind mit Kabelschuhen zu versehen, die sorgfältig zu verlöten sind. Das Absetzen der Kabel ist nach dem HNA-Normblatt Lt 52a vorzunehmen und sauber auszuführen. Klemmkabelschuhe dürfen nicht verwendet werden. Bei jeder freistehenden Schalttafel ist eine passende Handhabe zum Festhalten, die durch Benähen von Leder oder dgl. isoliert sein muß, vorzusehen. Der Bedienungsgang vor und hinter der Schalttafel ist mit einer gut paraffinierten Holzgräting oder einer Gummimatte zu belegen.

Grundsätzlich sind nur spritzwasserdichte Meßgeräte der Klasse G nach den „Regeln für Meßgeräte" des VDE, die gegen Lageveränderung und Erschütterung unempfindlich sind, einzubauen. Für Gleichstrom sind Drehspulinstrumente mit proportionaler Teilung und für Wechselstrom ausbalanzierte Weicheisen-Instrumente zu verwenden.

Der Meßbereich der Spannungsmesser ist etwa 10 % und der Strommesser ist etwa 25 % höher zu legen als die Nennwerte der Betriebsspannung bzw. Betriebstromstärke. Diese Nennwerte sind durch einen roten Strich auf den Meßgeräten zu kennzeichnen. Der Außendurchmesser der Schalttafelinstrumente soll nicht kleiner als 175 mm sein.

## VIII. Das Leitungsnetz

1. Unterteilung

Auf großen Schiffen besteht das gesamte Leitungsnetz für Kraft und Beleuchtung aus 3 vollständig getrennten Teilen, von denen je 1 Teil zur Allgemeinbeleuchtung, zur Notbeleuchtung und zur Kraft- und Heizungsverteilung dient.

2. Verwendung des Leitungsmaterials

Kabel und Leitungen müssen grundsätzlich den HNA-Normblättern Lt 81 bis Lt 87 entsprechen.

Eisenbandbewehrte Gummibleikabel RGKB nach HNA-Normblättern Lt 83 und Lt 84 sind zu verwenden:

1. Zur Verbindung der Generatoren mit den Schalttafeln.

2. Zur Verbindung der Verteilungschalttafeln mit den Hauptschalttafeln.
3. Für sämtliche Leitungen in den Maschinen- und Kesselräumen.
4. Für sämtliche Leitungen in den Bunkern, Laderäumen und Kühlräumen.
5. Für die Leitungen für Außenlampen und Steckdosen der Promenadendecks.
6. An allen Stellen, an denen die Leitungen Feuchtigkeits- oder Witterungseinflüssen ausgesetzt sind und für Leitungen auf freiem Deck.

Drahtgeflochtene Gummibleikabel MK nach den HNA-Normblättern Lt 83 und 84 können verwendet werden:
1. In allen Waschräumen, Bädern und Aborten.
2. Für alle Verbindungsleitungen und auf der Brücke.
3. Für alle Kraftstromkreise und Motoren, sofern dieselben das freie Deck nicht berühren.
4. Für Laubengänge und Vorplätze, in denen keine wasserdichten Armaturen verwendet werden, aber nach dem freien Deck nicht abgeschlossen sind.
5. Für Speisung mehrerer Verteilungstationen von einer Zuleitung von der Hauptschalttafel, wenn das freie Deck nicht erreicht wird.

Für alle übrigen Leitungen sind ausschließlich Gummiaderleitungen nach HNA-Normblatt Lt 86 zu verwenden.

Jede Hauptleitung darf mehrere benachbarte Verteilungstationen speisen. Für eine Abzweigung von der Hauptleitung kann, wenn diese in geschützten trockenen Räumen liegt, eine Schalttafel mit erforderlichen Sicherungen und Ausschaltern verwendet werden. In ungeschützten und freien Räumen müssen sämtliche Abzweige in wasserdichten Armaturen hergestellt sein.

3. **Bemessung der Querschnitte**

Unter Berücksichtigung der Bordverhältnisse gelten für die Kabelbelastungen die Angaben der nachfolgenden Tafel:

Tafel 3

| Querschnitt in mm² | Nennstromstärke für entsprechende Abschmelzsicherungen für Dauerbetrieb in A | Höchstzulässige Stromstärke in A | |
|---|---|---|---|
| | | Für Dauerbetrieb | für aussetzenden und kurzzeitigen Betrieb |
| 1,5 | 10 | 14 | 14 |
| 2,5 | 15 | 20 | 20 |
| 4 | 20 | 25 | 25 |
| 6 | 25 | 31 | 31 |
| 10 | 35 | 43 | 60 |
| 16 | 60 | 75 | 105 |
| 25 | 80 | 100 | 140 |
| 35 | 100 | 125 | 175 |
| 50 | 125 | 160 | 225 |
| 70 | 160 | 200 | 280 |
| 95 | 200 | 240 | 335 |
| 120 | 225 | 280 | 400 |
| 150 | 260 | 325 | 460 |
| 185 | 300 | 380 | 530 |
| 240 | 350 | 450 | 630 |
| 300 | 430 | 525 | 730 |
| 400 | 500 | 640 | 900 |
| 500 | 600 | 760 | |

Die Strombelastung ist als Dauerbelastung anzusehen, wenn sie solange anhält, daß in der Erwärmung des Kabels der Beharrungszustand eintreten kann. Dieser Begriff deckt sich also mit der Dauerleistung einer Maschine. Bei aussetzendem Motorbetrieb darf die Nennstromstärke der Sicherungen höchstens das 1,5fache der Werte der letzten Spalte betragen.

4. Sicherungen

Alle Leitungen sind nach Tafel 3 zu sichern und zwar bis zu 200 A mit Patronensicherungen, darüber hinaus mit Streifensicherungen. Zu empfehlen ist die Anwendung von Selbstschaltern. Bei jeder Querschnittverjüngung ist eine entsprechende Sicherung zu setzen, wenn nicht eine vorhandene Sicherung den kleineren Querschnitt schützt. Alle Sicherungspatronen und -streifen müssen nach den HNA-Normen Lt 9a bis Lt 17a ausgeführt sein.

5. Leitungsarmaturen

Alle stromführenden Leitungsarmaturen sind grundsätzlich nach den Normen des HNA auszuführen. Bei 220 Volt-Anlagen erhalten Steckdosen und Stecker Erdungsanschluß. Auf Tankschiffen muß allpolig abgeschaltet werden. Da der Isolationszustand der elektrischen Anlage wesentlich von der Beschaffenheit der Kabelverbindungen abhängt, so ist auf sachgemäße Zurichtung der Kabeleinführungen und Verbindungen großer Wert zu legen. (Siehe HNA-Normblatt Lt 52a Vorschriften über das Absetzen der Kabel.)

6. Verlegung und Isolation

Die Kabel und Leitungen sind möglichst so zu verlegen, daß sie jederzeit zugänglich sind und ausgewechselt werden können. Für die Befestigung von Kabeln, Armaturen, Holzleisten usw. sind Messingschrauben mit Whitworth-Gewinde nicht unter ¼" zu verwenden. Kabel sind mit einem möglichst großen Halbmesser zu biegen, damit Beschädigungen vermieden werden. Die Kabelwege an Stahlwänden sind vor der Verlegung der Kabel 2 mal mit Rostschutzfarbe zu streichen. Kabelbündel, die im Freien oder auf Oelschotten und dgl. verlaufen, sind auf besonderen Kabelbahnen zu verlegen. Werden Kabel oder Gummileitungen durch Decks vertikal hindurchgeführt, so sind sie an diesen Stellen durch verzinkte Stahlrohre von ausreichender Länge zu führen. Diese Rohre sind mit Flanschen wasserdicht in das Deck einzusetzen, sowie durch Ausgießen zu verschließen. Die zu verwendende Ausgußmasse darf bei 80° C nicht tropfbar flüssig werden. In Schächten verlegte, aufsteigende Kabelbündel erhalten enganschließende Blechverkleidung. Durch wasserdichte Schotten sind die Leitungen mittels Stopfbuchsen nach HNA-Normblatt Lt 23a zu führen. Bei gewöhnlichen Durchführungen sind die Leitungen gegen Durchscheuern zu schützen. Die Kabel nach dem Vor- und Hinterschiff können durch die Laderäume geführt werden oder sind über Deck zu verlegen und durch U-Eisen oder kräftige Verkleidungen zu schützen. Gummiaderleitungen sind zum Schutze gegen Beschädigung in Holzleisten zu verlegen, welche innen zweimal mit blaugefärbtem Wasserglas gestrichen sind. Die Befestigungschrauben der Grundleisten müssen mindestens 4 mm eingelassen und die Deckleiste genügend breit sein, um die Befestigungschrauben des Deckels ohne Gefahr einer Beschädigung der Leitungen aufzunehmen. Hinter Verschalungen können Gummiaderleitungen frei verlegt werden, sie dürfen aber nicht auf Holzdecken von Kammern und Wohnräumen lose aufliegen; sie dürfen nicht frei an der Wand mittels Schellen, Krampen oder Nägel befestigt werden.

Zur Befestigung der Kabel dienen verzinkte Stahlschellen. Sie dürfen bei Kabeln bis 20 mm Außendurchmesser nicht weiter als 300 mm, bei Kabeln von 21 bis 25 mm Außendurchmesser nicht weiter als 400 mm und bei Kabeln von mehr als 25 mm Außendurchmesser nicht weiter als 500 mm voneinader entfernt sein. Alle Schellen für Kabel über 30 mm Durchmesser sollen 2 Befestigungslappen haben. Alle Abzweigungen der aus Kabeln bestehenden Lampenleitungen sind mittels Klemmen in wasserdichten Abzweigdosen herzustellen. Lötstellen in Kabeln sind unzulässig.

Bei 220 V sind alle Armaturen, wenn sie nicht aus Isolierstoff bestehen oder schon durch ihre Anbringung mit dem Schiffskörper leitend verbunden sind, zu erden. Soweit der Schiffskörper unweit erreichbar, ist die Erdung durch kräftigen verzinkten Bandstahl, durch Kabel oder eine besondere Erdungsader (Schutzader) herzustellen. In Salons und Kammern, wo die Leitung aus Gummiader besteht, erfolgt die Erdung von metallenen Armaturen, die mit der Fassung in leitender Verbindung stehen, durch eine besondere graue Gummiaderleitung. In keinem Falle darf für Rückleitung und Erdleitung ein gemeinsamer Anschluß vorgesehen werden, weil hierbei bei Unterbrechung dieser Leitungen vom Schiffskörper der Fall eintreten kann, daß die Armatur über den Verbraucher und die Erdleitung unter voller Spannung steht. Bei 3-Aderkabel ist die graue Ader als Erdleitung anzuschließen. Bei Gummiaderleitungen ist als Erdleitung ebenfalls graue Gummiaderleitung zu verwenden. Ebenso sind alle beweglichen Verbrauchsgeräte zu erden, wenn sie nicht (wie z. B. die Handlampe nach HNA-Normblatt Bel 10b) aus Isolierstoff bestehen. Die Steckdosen erhalten einen Erdungskontakt nach HNA-Normblatt Lt 3a Blatt 2; Lt 4a Blatt 2; Lt 6b Blatt 2 und Lt 21a Blatt 2. (Siehe auch Verwendungsvorschriften,

HNA-Normblatt Lt 76a.) Vor Inbetriebsetzung der Anlage ist zu prüfen, ob bei allen Stromverbrauchern die Erdleitung richtig angeschlossen ist.

Innerhalb der Kompaßzone von 5 m Kugelhalbmesser sind alle Leitungen zweipolig zu verlegen. (Siehe HNA-Normblatt Lt 38a Blatt 1 und Lt 38a Blatt 2.) In einem Umkreis von 2 m Kugelhalbmesser dürfen Eisenarmierungen an Kabeln nicht vorhanden sein.

Der Isolationswiderstand der Anlage soll derart sein, daß jede Teilstrecke zwischen zwei Sicherungen oder hinter der letzten Sicherung bei der Betriebsspannung ein Fehlerstrom von höchstens 1 m A hat, nachdem die Leitungen mindestens 2 min der Betriebsspannung ausgesetzt waren.

## IX. Beleuchtungsanlage

1. Allgemeines

Bei Schiffen mit Passagierzertifikat besteht die gesamte Beleuchtungsanlage aus zwei vollständig getrennten Teilen, wovon der eine für die Allgemeinbeleuchtung und der andere für die Notbeleuchtung dient. Von der Notbeleuchtung werden alle betriebs- und verkehrswichtigen Punkte beleuchtet. Bei der Bemessung der Hauptleitungsquerschnitte für Licht sind für die angeschlossenen Lampen je 30 W zugrunde zu legen. Der Spannungsverlust von der Hauptschalttafel bis zur entferntesten Lampe soll bei Normalbelastung des entsprechenden Stromkreises 5 % der Nennspannung nicht überschreiten. Der geringste zulässige Querschnitt für isolierte Kupferleitungen ist 1,5 mm². An und in Beleuchtungskörpern können Fassungsadern von 0,75 mm² Querschnitt verwendet werden.

Die Anzahl der Hauptstromkreise muß bei Wahlschaltung so gewählt sein, daß die Maschinen möglichst gleichmäßig belastet werden können. Die Verteilungschalttafeln sind in der Nähe der anzuschließenden Lampen anzubringen. Besondere Verteilungstromkreise sind vorzusehen für:
1. Die Lampen in den Gängen und Aborten.
2. Die Außenlampen auf den Promenadendecks.
3. Die wasserdichten Steckdosen für Handlampen, Sonnenbrenner und Hochkerzenarmaturen.
4. Die Positionslampen.
5. Die Lampen der Kajütsfahrgasträume.
6. Die Lampen jeder Zwischendecks-Abteilung.
7. Die Lampen in den Wohnräumen der Besatzung.
8. Jedes elektrische Koch- oder Heizgerät usw., das mehr als 6 A aufnimmt.
9. Die Lampen der an Deck befindlichen Kompasse und Telegraphen.
10. Die bei Tage zweckmäßig abzuschaltenden Lampen.

Für die Beleuchtungskörper von Pumpenräumen auf Tank- und Motorschiffen sind zwei

Stromkreise vorzusehen. Die Armaturen sind mit einer Verriegelung zu versehen, die verhindert, daß sie geöffnet werden können, solange sie unter Spannung stehen.

An eine Zweigleitung können bei 110 V angeschlossen werden:
16 Glühlampen (in öffentlichen Räumen auch mehr),
oder 8 Kammersteckdosen,
oder 2 bzw. nach näherer Vereinbarung 6 wasserdichte Steckdosen.

Diese Werte können bei 220 V bis 50 % überschritten werden. Die wasserdichten Steckdosen an den Ladeluken sind mit einer Zuführungsleitung von 2,5 mm$^2$ anzuschließen, die mit 15 A gesichert wird. Es können bis zu 3 Steckdosen an diese Leitung angeschlossen werden. Die Anzahl der für den Laderaum vorzusehenden Steckdosen wird durch Sondervorschrift von der Reederei bestimmt.

Die Anzahl der Lampen, die in jedem Raum vorzusehen sind, richtet sich nach der für den betreffenden Raum zu fordernden Helligkeit. Für den Entwurf der elektrischen Beleuchtungsanlage werden für die Bodenfläche folgende Werte zugrunde gelegt:

| | $\frac{W}{m^2}$ |
|---|---|
| Bootsdeck . . . . . . . . 6 | |
| Promenadendeck . . . . . 6 | „ |
| Salons 1. Klasse und Vorplatz 35 | „ |

| | | W/m² |
|---|---|---|
| Salons 2. Klasse | 30 | |
| Fahrgastkammern | 6 | „ |
| Luxuskammern | 25 | „ |
| Offizierskammern | 4 | „ |
| Räume der Mannschaft | 2,5 | „ |
| Gänge | 6 | „ |
| Wirtschaftsräume | 8 | „ |
| Aborte | 4 | „ |
| Zwischendecks | 2 | „ |
| Waschräume | 3 | „ |
| Maschinenräume | 6 | „ |
| Heizräume | 4 | „ |
| Bunker | 1 | „ |
| Tunnel | 1,5 | „ |
| Hospitäler | 8 | „ |

Für die Berechnung der Lampenzahl eines Raumes sind Lampen von 25 W zugrunde zu legen. Steckdosen, Schreibtischlampen, Leselampen und Lampen für Sonderzwecke sind hierbei nicht einzuschließen. Die Lampenzahl eines Raumes ist entsprechend den örtlichen Verhältnissen nach Raumhöhe, Deckenteilung, Farbenton der Wände usw. abzustimmen. In den Gängen können die Lampen statt unter der Decke an den Seitenwänden in genügender Höhe angebracht werden, falls Rohre, Luftkanäle usw. die Anordnung der Lampen unter der Decke unzweckmäßig erscheinen lassen. Die Anzahl der Tischlampen, Hochkerzenarmaturen, Sonnenbrenner, Handlampen oder sonstiger beweglicher Stromverbraucher wird durch die Reederei bestimmt.

Bei Anfragen über elektrische Anlagen sind den Unternehmern seitens der Werft ausgefüllte Listen mit Angabe der Lampenzahl und dgl. einzureichen.

Kompasse und Kommandoapparate an Deck sind elektrisch zu beleuchten und erhalten wasserdichte Schalter unmittelbar am Apparat. 1 bzw. 2 Morsesignallampen nebst Taster sind vorzusehen.

Bei der Aufstellung der Scheinwerfer ist zu beachten, daß der vorgeschriebene Lichtkegel der Positionslichter gewahrt ist; ferner ist Rücksicht auf die Nähe des Kompasses zu nehmen.

Räume, in denen leicht entzündliche Stoffe untergebracht werden oder entflammbare Gase sich ansammeln können, sind durch außerhalb angebrachte Beleuchtungskörper zu beleuchten; Sicherungen, Schalter und Steckdosen dürfen in diesen Räumen nicht angebracht werden. Bei Tankschiffen dürfen Bogenlampen weder innerhalb des Schiffes noch auf Deck verwendet werden.

2. Glühlampen und Beleuchtungskörper

Als Positionslampen und Morselampen werden Metalldrahtlampen von 40 W mit in der Achsrichtung der Lampe langgestrecktem Leuchtdraht, für Positionslaternen auch Kohlefadenlampen verwendet; für alle übrigen Zwecke, falls nicht ausdrücklich anders vorgeschrieben, Metalldrahtlampen von 25 W. Die Positionslampen erhalten Stromzeiglampen, mit denen sie in Serie brennen, nach den HNA-Normblättern Lt 39a und Lt 40a.

Alle Beleuchtungskörper erhalten bis 60 W einschließlich Swan-Bajonettfassungen (HNA-Normblatt Bel 20a und 21a). Hochkerzenlampen von 100 bis 200 W einschließlich erhalten Edisonfassungen, für Lampensockel E 27 (DIN VDE 9620) mit axial federndem Kontakt, Hochkerzenlampen über 200 W, für Lampensockel E 40 (DIN VDE 9625) (Goliathfassungen). Bei 220 V-Anlagen können auch Edisonfassungen mit axial federndem Kontakt verwendet werden. Als Kleinfassungen sind für 110 V Klein-Swanfassungen, HNA-Normblatt Bel 20a und Bel 21a, für 220 V Edisonfassungen, für Lampensockel E 14 (DIN VDE 9615) (Mignonfassungen) zu verwenden.

## X. Kraftanlage

Die Unterteilung der Stromkreise ist bei Wahlschaltung so zu wählen, daß eine möglichst gleichmäßige Verteilung auf die verschiedenen Primärmaschinen vorgenommen werden kann. Die von der Hauptschalttafel ausgehenden Stromkreise müssen hier Aus- bzw. Umschalter und Sicherungen oder Selbstschalter erhalten. Bei Parallelschaltung der Primärmaschinen kann der von der Hauptschalttafel ausgehende Stromkreis bis zur Leistung einer Primärmaschine belastet werden. Jeder Motor oder Kraftstromverbraucher, mit Ausnahme von Verbrauchern bis zu 2 A, erhält, sofern derselbe durch Anlasser, Steuergerät oder Regelschalter stromlos gemacht werden kann, auf der Verteilungstation 1 Sicherung oder 1 Selbstschalter. Kraftsteckdosen an Deck und in Wirtschaftsräumen, Ankerspills und Heckverholspills erhalten Ausschalter. Ladewinden sind zweckentsprechend an Verteilungstationen zusammenzufassen; hier erhält jede Winde einen Ausschalter.

Alle in Maschinen-, Heiz- oder Pumpenräumen befindlichen elektrisch angetriebenen Brennstoffpumpen, sowie in diesen Räumen befindlichen Kegelgebläse und Lüfter müssen von außerhalb dieser Räume gelegenen Schaltgeräten abstellbar sein.

## XI. Fernmeldeanlagen

1. Allgemeines

Normale Stromart und Spannungen siehe Tafel 1 Seite 3.

Für alle Fernmeldeanlagen, die der Schiffsleitung oder der Schiffsicherheit dienen, sind für die Leitungsverlegung Kabel nach den HNA-Normblättern Lt 81 bis Lt 87 zu verwenden. Hierzu gehören:

Telegraphen-, Feuermelder-, Feueralarm-, Schottenalarm-, Schottendicht-, Lautfernsprecher- und ähnliche Anlagen.

Für alle übrigen Anlagen, wie Kammerfernsprecher-, Uhren-, Lichtsignal-, Klingel- und ähnliche Anlagen gelten für die Ausführung der Leitungsanlage die unter „VIII. Leitungsnetz" aufgeführten Vorschriften.

Für Verlegungsart und Leitungsmaterial gilt Tafel 4.

## Tafel 4

| Nr | Anlage | Betriebsspannung | Verlegungsart | Leitung |
|----|--------|------------------|---------------|---------|
| 1 | Maschinentelegraph | 42 Volt Wechselstrom oder Gleichstrom 110 V bzw. 220 V | doppelpolig | Kabel RGKB und MK |
| 2 | Rudertelegraph | | | |
| 3 | Ruderzeiger | | | |
| 4 | Dock- und Ankertelegraph | | | |
| 5 | Kesseltelegraph | Eigene Stromquelle | | |
| 6 | Umdrehungsfernzeiger | | | |
| 7 | Schottenkontakt | | einpolig, wenn das Bordnetz am Schiffskörper geerdet | |
| 8 | Feuermelder | Lichtspannung 110 bzw. 220V | | |
| 9 | Alarmeinrichtungen | | | |

## Tafel 4 (Fortsetzung)

| Nr | Anlage | Betriebs-spannung | Verle-gungsart | Leitung |
|---|---|---|---|---|
| 10 | Uhren | 12 oder 24 V Akk.-Batt. | | Kabel RGKB, MK und NGA-Leitung |
| 11 | Lautfernsprecher n. HNA Fm 3a bis 7a | | | Kabel RGKB und MK |
| 12 | Zentral-Fernsprecher | 24 V Akk.-Batt. | | |
| 13 | Linienwähler-Fernsprecher | 12 oder 24 V Akk.-Batt. | doppel-polig | Kabel RFGKB RGKB MK und Z-Leitung |
| 14 | Fernspr. Einzel-verbindungen | | | |
| 15 | Klingel-verbindungen | 4 V Trocken-elemente | | Kabel RFGKB MK und Z-Leitung |
| 16 | Lichtsignal | 24 V Maschinen-spannung | | |
| 17 | Temperaturmesser | Verschieden | | Kabel MK |

Für alle sonstigen Anlagen gelten diese Vorschriften sinngemäß. Bei Anlagen, die vom einpolig verlegten Bordnetz gespeist werden, kann der Schiffskörper als Rückleitung benutzt werden. Die Sicherheitsanlagen sind vom Beleuchtungsnetz und wenn vorhanden, vom Notbeleuchtungsnetz zu speisen; in den Maschinen- und Kesselräumen soll die Betriebsbereitschaft der Apparate erkennbar sein.

Innerhalb der Kompaßzone sind alle Leitungen doppelpolig zu verlegen.

Die Fernmeldekabel sollen möglichst getrennt von den Licht- und Kraftkabeln verlegt werden. Alle Dreh- und Wechselstrom führenden Leitungen sind von den Fernsprechleitungen und den Leitungen für Echolot möglichst weit getrennt zu verlegen. Die GA-Leitungen sind in besonderen Abteilungen der imprägnierten Holzkanäle zu verlegen.

Es sollen Leitungen bzw. Kabel von mindestens 0,75 mm$^2$ Querschnitt verwendet werden.

Für die Ausführung der einzelnen Anlagen gelten folgende Vorschriften:

2. Maschinentelegraphen-Anlage

Die Anlage muß jederzeit betriebsfertig sein. Dieses muß am Empfänger durch eine direkt von der Stromquelle gespeiste Lampe zu ersehen sein. Die Geber auf der Brücke sind Säulenapparate und müssen mit einer Quittungsempfangseinrichtung versehen sein. Die Empfänger im Maschinenraum sind Wandapparate und können auf Wunsch der Reederei als Säulenapparate ausgebildet werden. Die Empfänger erhalten eine Rückmeldeeinrichtung. Die Größe und Beschriftung der Skalen ergibt sich aus den HNA-Normblättern Tg 11 bis 14. Die Wecker sollen die Maschinengeräusche gut übertönen.

3. Rudertelegraphen-Anlage

Der Geber auf der Brücke wird als Säulenapparat ausgeführt. Die Empfänger sind Wandapparate. Die Skala muß für je 40 Grad B. B.- und St. B.-Ruderanlage vorgesehen werden.

4. Ruderzeiger-Anlage

Der Geber wird in geeigneter Weise, den Bordverhältnissen entsprechend, durch den Ruderschaft angetrieben und leicht zugänglich angeordnet. Bei Einschraubenschiffen genügt 1 Empfänger auf der Brücke. Bei Doppelschraubenschiffen wird ein weiterer Empfänger im Maschinenraum angebracht. Ist eine Rudertelegraphen-Anlage vorhanden, so wird der Ruderzeiger-Empfänger auf der Brücke mit dem Rudertelegraphen-Geber vereinigt. Bei größeren Schiffen, auf denen ein Notsteuerstand vorhanden ist, ist dieser mit einem Empfänger auszurüsten.

5. Dock- und Ankertelegraphen

Geber und Empfänger sind als Säulenapparate auszubilden. Die Skalengröße richtet sich nach HNA-Normblättern Tg 11 bis 14. Die Beschriftung ist für die Brückenapparate nach HNA-Normblättern Tg 7 und 9 und für Maschinenapparate nach HNA-Normblättern Tg 8 und 10 auszuführen.

### 6. Kesseltelegraphen-Anlage

Geber und Empfänger sind Wandapparate. Die Beschriftung der Skalen ist nach Angabe der Reederei auszuführen.

### 7. Umdrehungsfernzeiger-Anlage

Der Geber wird den Bordverhältnissen entsprechend mit der Schraubenwelle gekuppelt. Die Empfänger sind Wandapparate.

### 8. Schottenkontakt-Anlage

Die Schottentafel ist in wasserdichter Ausführung an geeigneter Stelle auf der Brücke unterzubringen. Zur Feststellung, ob die Anlage betriebsklar ist, ist für jede Lampe an der Tafel ein Prüftaster anzubringen. Die Schottenkontakte sind wasserdicht auszuführen.

### 9. Feuermelder-Anlage

Auf der Kommandobrücke ist eine Feuermeldetafel vorzusehen; ebenso im Maschinenraum an einer von der Reederei anzugebenden Stelle. Neben der optischen Meldung erfolgt an beiden Stellen auch akustische Meldung. Die Ruhestellung der Anlage wird an der Brückentafel wieder hergestellt. Die Melder sind im Schiff in entsprechender Anzahl zu verteilen. Die Betriebsfähigkeit muß am Melder durch eine Lampe unter rotem Glassturz zu erkennen sein.

## 10. Alarm-Anlage

Zu verwenden sind wasserdichte Wecker oder Hupen. Der Betriebstrom wird dem Beleuchtungsnetz oder dem Notbeleuchtungsnetz entnommen. Die Alarmierung erfolgt getrennt für Passagiere und Mannschaft. Die Betätigung erfolgt auf der Brücke durch Hebelschalter mit Holzschutzkasten, der ein Glasfenster erhält, um den verwendungsbereiten Zustand der Hebelschalter jederzeit erkennen zu können.

## 11. Uhren-Anlage

In Betriebs- und Wirtschaftsräumen, an Deck und in Lauben sowie Niedergängen, die mit dem Außendeck in Verbindung stehen, sind wasserdichte Uhren einzubauen. Die Uhren sind in Gruppen zusammenzufassen. Die Hauptleitung ist nach dem Klemmenkasten der verschiedenen Gruppen zu führen. Von dort aus führen die Leitungen nach den einzelnen Uhren und zwar von Uhr zu Uhr.

## 12. Lautfernsprecher-Anlagen

Auf der Brücke sind Einzelapparate vorzusehen. Die Speisung erfolgt auf Schiffen mit 3 bis 4 Verbindungen durch eine 12 V-Akkumulatoren-Batterie (siehe HNA-Normblatt Fm 1 a).

13. Fernsprech-Anlage

Der Fernsprechapparat soll aus einem Handfernsprecher mit einem schwarzlackierten Blechgehäuse bestehen und als Tisch- und Wandapparat zu verwenden sein. Die Gabel für die Auflage des Hand-Fernsprechers muß so eingerichtet sein, daß der Fernsprecher bei starken Schiffsbewegungen nicht herausfallen kann. Das Gehäuse soll gleichzeitig den Anrufapparat aufnehmen. Bei vorhandenen Fernsprechzentralen sollen diese auf Schiffen, die tropische Zonen durchfahren, tropenfest ausgeführt werden. In feuchten Räumen sind RFGKB-Kabel, in trockenen Räumen Z-Leitungen zu verlegen. Die Speisung der Einzelverbindungen erfolgt durch Trockenelemente. Größere Anlagen werden durch Bleiakkumulatoren gespeist. Bei größeren Anlagen wird je nach Wahl der Reederei ein Glühlampenschrank oder eine Selbstanschlußzentrale eingebaut.

14. Klingel- und Lichtsignal-Anlagen

Kammern und Bäder der 1. und 2. Klasse erhalten nach Wahl der Reederei Lichtsignal- oder Klingelanlage mit Ruftafel. Die Anzahl der

Druckknöpfe in der 1. Klasse bestimmt die Reederei. Kammern der 2. Klasse und Touristenklasse erhalten 1 Druckknopf an jedem Bett; je 2 übereinanderliegende Betten erhalten 1 gemeinsamen Druckknopf. Bei Lichtsignalanlage Doppeldruckknöpfe (Steward und Stewardeß). Für alle nicht benannten Anlagen, insbesondere Klingelanlagen für Besatzungskammern, gelten diese Vorschriften sinngemäß.

15. Temperatur-Meßanlagen

Zur Messung von Temperaturen bis 300° C sind zweckmäßig Thermometer, darüber hinaus Pyrometer zu verwenden. Die Pyrometer für die Hauptmaschinen sind bei wechselnder Raumtemperatur möglichst mit selbsttätiger Kompensation zu versehen.

## XII. Abnahme

Der Abnahme der Licht- und Kraftanlage soll ein sechsstündiger Betrieb bei Einschaltung aller Stromverbraucher vorangehen. Hierbei muß sich ein einwandfreier Betrieb nach diesen Vorschriften (DIN HNA BVE 1) ergeben.

## XIII. Zeichnungen und Materialproben

Vor Beginn der Installation sind Leitungspläne, Schaltpläne sowie Pläne über die Lampenverteilung zur Genehmigung einzureichen. Außerdem sind auf Wunsch der Reederei Proben von den

Gegenständen, die vom HNA noch nicht genormt sind, einzusenden.

Bei der Uebergabe der Anlage sind abzuliefern: 2 Hauptschaltpläne und 2 Satz Pläne, aus denen die Lage der Lampen, Schalter und Sicherungen und sonstigen Apparate, die Lage und Querschnitte, sowie die Art und Verlegung der Leitungen zu ersehen sind. Die Pläne der Nebenanlagen sind vollzählig mitzuliefern, weiter eine Generatoren- und Motorenliste mit Abmessungen der Kohlebürsten.

Ferner sind abzuliefern: Zusammenstellungszeichnungen der Generatoren, enthaltend: die Hauptmaße, sowie für Nachbestellung genaue Angaben über Anker, Magnetdrähte, Bandagen und Kohlebürsten, eine Liste über die Art der verwendeten Installationsmaterialien, wie z. B. Sicherungen, Armaturen und dgl., sowie der Apparate.

## XIV. Ersatzteile

1. Antriebsmaschinen von Generatoren

a) Für Kolbendampfmaschinen jeder Art und Größe sind mitzuliefern:

1 Kolbenstange,
1 Schieberstange,
1 Exzenterring mit Stange,
1 Satz Kolbenringe HD und ND,
1 Ersatzpackung für jede Kolben- und Schieberstange,
die zu einer Pleuelstange erforderlichen Lager,
die zu einem Kreuzkopflager erforderlichen Bolzen und Muttern,
die zu einem Kurbellager erforderlichen Bolzen und Muttern.

b) Für Dampfturbinen jeder Art und Größe sind mitzugeben:

je 2 Stück der in der Turbine enthaltenen Schaufeln in einem besonderen Kasten als Muster,
1 Satz Unterschalen,
1 Satz Federn.

c) Für Verbrennungskraftmaschinen jeder Art und Größe sind mitzuliefern:

die zu 1 Zylinderkopf gehörenden Ventile jeder Art und Größe, bei kompressorlosen Dieselmotoren und Glühkopfmotoren 1 Brennstoffdüse, jedoch für j e d e n Motor 1 Düse,

1 Glühkopf bei Glühkopfmotoren,

die zu 1 Kolben gehörenden Ringe, jedoch für j e d e n Motor 1 Satz,

die zu jeder Art Kolben der Kompressoren gehörenden Kolbenringe,

die zu 1 Kompressor sowie 1 Spülpumpe gehörenden Ventile,

die zu 1 Pleuelstange erforderlichen Lager,

die zu 1 Kreuzkopflager erforderlichen Bolzen und Muttern,

die zu 1 Kurbellager erforderlichen Bolzen und Muttern,

je die Hälfte der Ventile, jedoch mindestens 1 Stück jeder Art für Brennstoffpumpen, Schmierpumpen und Kühlpumpen, eine hinreichende Anzahl Stiftschrauben, Kopfschrauben und Muttern der Rohrverschraubungen mit Kegel,

hinreichende Rohrlängen für jede Art Rohre, die unter Druck stehen, sowie Werkzeuge, Spezialschlüssel und Dichtungsmaterial.

## 2. Elektrische Maschinen

Für Generatoren, Motoren und Motorgeneratoren jeder Type sind, falls ein vollständiges

Ersatz-Aggregat vorhanden ist, folgende Ersatzteile mitzuliefern:

2 Bürstenhalter,
1 Satz Kohlebürsten,
1 Satz Sonderschlüssel.

Ist kein vollständiges Ersatz-Aggregat vorhanden, so ist ferner für Motorgeneratoren, wichtige Motoren und Generatoren, die nicht im wesentlichen nur Lichtstrom liefern, mitzugeben:

1 Anker mit Kommutator und Welle,
für 6 gleiche Generatoren oder Motoren genügt 1 Anker.

Wird für mehrere Maschinen 1 Ersatzanker mitgeliefert, so ist er in alle zugehörenden Maschinen einzupassen.

1 Nebenschlußspule, 1 Doppelschlußspule,
1 Wendepolspule jeder Art, 1 Ersatzschütz.

Als wichtige Motoren gelten Motoren für
Spülluftgebläse,
Kesselgebläse,
Hilfskompressoren,
Brennstoffverbrauchs-Pumpen,
Brennstoffübernahme-Pumpen,
Oelseparatoren,
Hauptkühlwasser-Pumpen,
Trinkwasser-Pumpen,
Feuerlösch-, Lenz- u. Deckwasch-Pumpen,
Kompressoren für Kühlmaschinen,

Soole-Pumpen,
Fleischraumlüfter,
Rudermaschinen,
Ankerwinden,
Ladewinden,
Maschinen- und Kesselraumlüfter.

3. Elektrische Apparate, Lampen und Sicherungen

Mitzuliefern sind:
Ersatzteile für wichtige Anlaß-, Regel- und Steuer-Geräte,
1 Satz Glühlampen für Positionslaternen und ihre Kontrolleinrichtung,
1 Satz Schmelzstreifen für Hauptsicherungen,
1 Satz Sicherungspatronen gleich 10 % der eingebauten Zahl, mindestens aber 1 Stück, bei doppelpoliger Anlage 2 Stück von jeder Art und Größe.

# XV. Anhang

## 1. Verzeichnis der DIN HNA/E-Normen
### Zusammenstellungs-Blätter

| Normblatt-Nr | Benennung |
|---|---|
| | **Beleuchtungskörper** |
| Bel 1a | Zwischendecklampe |
| „ 2a | Maschinenraumlampe, Heizraumlampe |
| „ 3a | Flache Decklampe |
| „ 4a | Doppelschottlampe |
| „ 5a Blatt 1 | Promenadendecklampe |
| „ 5a Blatt 2 | Kugel-Promenadendecklampe |
| „ 6a | Laderaumlampe |
| „ 7a | Bunkerlampe |
| „ 8a | Sonnenbrenner |
| „ 9a | Zwischendecklampe für Wechselkammern |
| „ 10b | Handlampe |
| „ 11a | Hochkerzen-Armatur |
| „ 12a | Leselampe |
| „ 14a | Morselampe mit Glassturz |
| „ 15a | Morselampe mit Linse |
| „ 16a | Scheinwerfer für Suezkanal |
| „ 17 | Hochkerzen-Armatur für Maschinenräume und Bootsdeck 100 bis 200 W und 300 bis 500 W |
| „ 20a | Swan-Nippel-Fassungen |
| „ 21a | Swan-Flansch-Fassungen |
| „ 22a | Klemmeneinsatz mit Kontaktteilen für Swan-Fassungen |
| „ 24 | Glühlampensockel und Prüflehren |
| „ 25a | Hülse für Kerzenlampe |
| „ 26a Blatt 1 | Glühlampen für Wohnräume |

| Normblatt-Nr | Benennung |
|---|---|
| Bel 26a Blatt 2 | Glühlampen für Allgemeinbeleuchtung |
| „ 26a Blatt 3 | Stoßfeste Glühlampen |
| „ 27a | Sonder-Glühlampen |
| „ 28a | Steh- und Wandlampe |
| „ 30a | Majolika-Armaturen |
| | **Elektrische Maschinen** |
| EM 1a | Typenübersicht, Technische Bedingungen |
| „ 2a | Generatoren bis 15 kW |
| „ 3a | Generatoren von 20 bis 100 kW |
| | **Fernmeldeapparate** |
| Fm 1a | Ladeeinrichtung für kleine Akkumulatoren |
| „ 2a | Schaltplan der Ladeeinrichtung für kleine Akkumulatoren |
| „ 3a | Lautfernsprechanlage Schaltplan und Verteilerkasten |
| „ 4a | Lautfernsprechanlage Lautfernsprecher |
| „ 5a | Lautfernsprechanlage Schutzkasten für Wandbefestigung |
| „ 6a | Lautfernsprechanlage |
| „ 7a | Lautfernsprechanlage Handfernsprecher und Handhörer |
| „ 8 | Klingelanlage Druckknöpfe |
| „ 9a | Weckerschalen Hupe |
| „ 10 | Lautfernsprechanlage Wasserdichte Steckdose und dreipoliger Stecker |
| | **Leitungsteile** |
| Lt 1a Blatt 1 | Wasserdichte Abzweigdose □ für ein- und zweipolige Leitungsanlagen |
| „ 1a Blatt 2 | Wasserdichte Abzweigdose ○ für ein- und zweipolige Leitungsanlagen |

| Normblatt-Nr | Benennung |
|---|---|
| Lt 2b Blatt 1 | Einzel-Abzweigklemmen |
| „ 2b Blatt 2 | Gruppen-Abzweigklemmen |
| „ 3a Blatt 1 | Wasserdichte Steckdose mit ein- und zweipoligem Schalter und zweipoliger Stecker 10 A 110 V |
| „ 3a Blatt 2 | Wasserdichte Steckdose mit ein- und zweipoligem Schalter und zweipoliger Stecker 10 A 220 V |
| „ 4a Blatt 1 | Wasserdichte Steckdose und zweipolige Kupplungsdose 10 A 110 V |
| „ 4a Blatt 2 | Wasserdichte Steckdose und zweipolige Kupplungsdose 10 A 220 V |
| „ 5a | Fußbodensteckdose 10 A, 110 V u. 220 V |
| „ 6b Blatt 1 | Wasserdichte Steckdose 10 A 110 V für 2 und 3 Anschlüsse |
| „ 6b Blatt 2 | Wasserdichte Steckdose 10 A 220 V für 2 und 3 Anschlüsse |
| „ 7a | Rückleitungsanschluß für Generatoren Motoren und Lampen |
| „ 8a Blatt 1 | Morsetaster |
| „ 8a Blatt 2 | Schaltpläne für Morsetaster |
| „ 9a | Streifensicherungen 225 bis 1000 A 250 V |
| „ 10a | D-Sicherung-Schraubstöpsel und Paßschrauben mit Durchmesser-Abstufung 2 bis 25 A 500 V |
| „ 11a | D-Sicherung-Schraubstöpsel und Paßschrauben mit Durchmesser-Abstufung 35 bis 60 A 500 V |
| „ 12a | Sicherung-Schraubstöpsel und Paßhülsen mit Durchmesser-Abstufung 80 und 100 A 500 V |
| „ 13a | Sicherung-Schraubstöpsel und Paßhülsen mit Durchmesser-Abstufung 125 bis 200 A 500 V |

| Normblatt-Nr | Benennung |
|---|---|
| Lt 14a | Sicherungsockel mit D-Patrone und Stöpselkopf 2 bis 60 A 500 V |
| „ 16a | Sicherungsockel mit D-Patrone und Stöpselkopf 80 und 100 A 500 V |
| „ 17a | Sicherungsockel mit D-Patrone und Stöpselkopf 125, 160, 200 A 500 V |
| „ 18b | Einpoliger Ausschaltereinsatz 10 A 250 V Richtmasse |
| „ 19b | Einpoliger Dosenschalter mit Kappe 250 V Ausschalter bis 10 A, Serien-Wechsel-Kreuzschalter bis 6 A Richtmasse |
| „ 20b | Einpoliger wasserdichter Ausschalter 10 A 250 V |
| „ 21a Blatt 1 | Steckdose und zweipoliger Stecker für Wohnräume 10 A 110 V |
| „ 21a Blatt 2 | Steckdose und zweipoliger Stecker für Wohnräume 10 A 220 V |
| „ 22a Blatt 1 | Wasserdichte Steckdose und zweipoliger Stecker 60 A 110 V |
| „ 22a Blatt 2 | Wasserdichte Steckdose und zweipoliger Stecker 60 A 220 V |
| „ 23a | Kabelstopfbuchsen für wasserdichte Schotten |
| „ 24a | Kabeleinführungstutzen für einadrige Kabel |
| „ 25a | Kabeleinführungstutzen für mehradrige Kabel |
| „ 28a | Kennfarben für Stromkreise in Leitungsplänen |
| „ 29a Blatt 1 | Schaltzeichen für Licht- und Kraftanlagen |
| „ 29a Blatt 2a | Schaltzeichen für Kabelführung und Kabelarten |
| „ 30a | Schaltzeichen für Fernmeldeanlagen |

| Normblatt-Nr | Benennung |
|---|---|
| Lt 38a Blatt 1 | Schaltplan für einpolige Leitungsanlage der Positionslaternen |
| „ 38a Blatt 2 | Schaltplan für zweipolige Leitungsanlage der Positionslaternen |
| „ 39a | Schalttafel für Positionslaternen für einpolige Leitungsanlagen 110 V |
| „ 40a | Schalttafel für Positionslaternen für zweipolige Leitungsanlagen 110 V |
| „ 41a Blatt 1 | Verteilungstafeln für 2 bis 20 Stromkreise mit Schaltern 10 A und Sicherungen bis 10 A 110 V für zusammengesetzte Verteilungstafeln und einpolige Leitungsanlagen |
| „ 41a Blatt 2 | Verteilungstafeln für 2 bis 20 Stromkreise mit Schaltern 10 A und Sicherungen bis 10 A 110 V für einpolige Leitungsanlagen |
| „ 42a | Verteilungstafeln für 2 bis 10 Stromkreise mit Schaltern 25 A und Sicherungen 15 bis 25 A 110 V für einpolige Leitungsanlagen |
| „ 43a | Verteilungstafeln für 2 bis 10 Stromkreise mit Schaltern 60 A und Sicherungen 35 bis 60 A 110 V für einpolige Leitungsanlagen |
| „ 44a | Beispiele für zusammengesetzte Verteilungstafeln für Stromkreise mit Schaltern und Sicherungen 10, 25 und 60 A 110 V |
| „ 45a | Verteilungstafeln für 2 bis 20 Stromkreise mit Schaltern 10 A und Sicherungen bis 10 A 110 V für zweipolige Leitungsanlagen |
| „ 46a | Verteilungstafeln für 2 bis 10 Stromkreise mit Schaltern 25 A und |

| Normblatt-Nr | Benennung |
|---|---|
| Lt 47a | Sicherungen 15 bis 25 A 110 V für zweipolige Leitungsanlagen Verteilungstafeln für 2 bis 10 Stromkreise mit Schaltern 60 A und Sicherungen 35 bis 60 A 110 V für zweipolige Leitungsanlagen |
| „ 48a | Hauptschalttafel Schaltpläne für einpolige Leitungsanlagen |
| „ 49a | Hauptschalttafel Schaltpläne für zweipolige Leitungsanlagen |
| „ 50 | Hauptschalttafel Parallelschaltung Schaltpläne für einpolige Leitungsanlagen |
| „ 51a | Hauptschalttafel Parallelschaltung Schaltpläne für zweipolige Leitungsanlagen |
| „ 52a | Vorschriften über das Absetzen der Kabel |
| „ 55a | Sicherungskasten für einpolige Leitungsanlagen Uebersicht |
| „ 56a | Sicherungskasten für zweipolige Leitungsanlagen Uebersicht |
| „ 57a | Einpolige Sicherungskasten Anordnung der Kabeleinführungstutzen |
| „ 58a | Zweipolige Sicherungskasten Anordnung der Kabeleinführungstutzen |
| „ 59a | Zweipolige Sicherungskasten Anordnung der Kabeleinführungstutzen |
| „ 60a | Ein- und zweipolige Leitungsanlagen Größe 22, 26, 30, 26 H und 30 H Sicherungskasten |
| „ 61 | Einpoliger Sicherungskasten Größe 22 Inneneinrichtung |
| „ 62 | Einpoliger Sicherungskasten Größe 26 Inneneinrichtung |

| Normblatt-Nr | Benennung |
|---|---|
| Lt 63 | Einpoliger Sicherungskasten Größe 30 Inneneinrichtung |
| „ 64 | Einpoliger Sicherungskasten Größe 26 H Inneneinrichtung |
| „ 65 | Einpoliger Sicherungskasten Größe 30 H Inneneinrichtung |
| „ 66 | Einpoliger Sicherungskasten Größe 30 H Inneneinrichtung |
| „ 67 | Zweipoliger Sicherungskasten Größe 22 Inneneinrichtung |
| „ 68 | Zweipoliger Sicherungskasten Größe 26 Inneneinrichtung |
| „ 69 | Zweipoliger Sicherungskasten Größe 30 Inneneinrichtung |
| „ 75 | Regelschalter 10 A 250 V |
| „ 76a | Verwendungsvorschriften für Beleuchtungskörper und Leitungsteile |
| „ 81 | Kabel und Leitungen |
| „ 82 | Kabel und Leitungen |
| „ 83 | Einadriges Gummibleikabel eisenbandbewehrt oder drahtbeflochten |
| „ 84 | Zwei- und mehradrige Gummibleikabel eisenbandbewehrt oder drahtbeflochten |
| „ 85 | Mehradrige Fernsprechkabel eisenbandbewehrt oder drahtbeflochten |
| „ 86 | Einadrige Gummiaderleitung ein- und zweiadrige Fernsprech- und Klingelleitungsdrähte |
| „ 87 | Zweiadrige bewegliche Gummischlauchleitung |

# Zu den Zusammenstellungsblättern gehörende Einzelteilblätter

| Zusammen-stellungs-blatt | zugehörende ET-Blätter |
|---|---|
| Bel 1a<br>„ 2a | ET 1 Blatt 1; ET 2 Blatt 2a, 15; ET 5 Blatt 1; ET 6 Blatt 1; ET 7 Blatt 4a, 6a, 7a, 8a; ET 8 Blatt 1 |
| „ 3a<br>„ 4a | ET 1 Blatt 1, 2, 7, 8; ET 2 Blatt 6, 15; ET 5 Blatt 1, 2; ET 6 Blatt 1; ET 7 Blatt 1a, 5a, 6a, 7a, 9a |
| „ 5a Blatt 1 | ET 1 Blatt 7, 8; ET 2 Blatt 6, 15; ET 5 Blatt 1, 2; ET 6 Blatt 1; ET 7 Blatt 1a, 5a, 6a, 7a, 9a |
| „ 5a Blatt 2 | ET 1 Blatt 1, 30; ET 2 Blatt 15; ET 5 Blatt 1; ET 6 Blatt 2a; ET 7 Blatt 6a, 7a |
| „ 6a<br>„ 7a | ET 1 Blatt 4, 5; ET 2 Blatt 2a, 15; ET 5 Blatt 1, 2; ET 6 Blatt 1; ET 7 Blatt 1a, 4a, 5a, 6a, 7a, 9a |
| „ 8a | ET 1 Blatt 4, 6; ET 2 Blatt 2a, 3a; ET 3 Blatt 3a; ET 4 Blatt 1; ET 5 Blatt 1, 2; ET 7 Blatt 1a, 2a, 4a, 5a, 6a, 7a, 8a; ET 8 Blatt 1 |
| „ 9a | ET 1 Blatt 16; ET 2 Blatt 7; ET 5 Blatt 2; ET 7 Blatt 8a; ET 8 Blatt 2 |
| „ 10b | ET 2 Blatt 19; ET 3 Blatt 10; ET 5 Blatt 1, 3; ET 6 Blatt 1; ET 7 Blatt 4a, 6a, 7a, 8a; ET 8 Blatt 1 |
| „ 11a | ET 1 Blatt 4, 6; ET 2 Blatt 2a, 4, 5; ET 3 Blatt 3a; ET 4 Blatt 1; ET 5 Blatt 1, 2; ET 7 Blatt 1a, 2a, 4a, 5a, 6a, 7a, 8a; ET 8 Blatt 1 |
| „ 12a | ET 1 Blatt 12, 22, 24; ET 2 Blatt 6, 7, 15; ET 5 Blatt 1, 2; ET 6 Blatt 2a; ET 7 Blatt 1a, 5a, 6a, 7a, 9a |

| Zusammen-stellungs-blatt | zugehörende ET-Blätter |
|---|---|
| Bel 14a | ET 1 Blatt 1; ET 2 Blatt 2a; ET 5 Bl. 1; ET 6 Bl. 1; ET 7 Bl. 4a, 7a, 8a |
| „ 15a | ET 1 Blatt 1, 2; ET 5 Blatt 1; ET 6 Blatt 1; ET 7 Blatt 4a, 7a, 8a |
| „ 16a | |
| „ 17 | ET 2 Blatt 15; ET 5 Blatt 1; ET 6 Blatt 2a; ET 7 Blatt 6a |
| „ 20a | ET 2 Blatt 1a; ET 7 Blatt 8a |
| „ 21a | ET 2 Blatt 1a |
| „ 22a | |
| „ 24 | |
| „ 25a | ET 6 Blatt 1; ET 7 Blatt 2a |
| „ 26a Blatt 1 | |
| „ 26a Blatt 2 | |
| „ 26a Blatt 3 | |
| „ 27a | |
| „ 28a | ET 1 Blatt 3; ET 2 Blatt 2a, 18; ET 3 Blatt 2a; ET 5 Blatt 2; ET 6 Blatt 1; ET 7 Blatt 1a, 5a, 6a, 8a, 9a; ET 8 Blatt 2 |
| „ 30a | ET 7 Blatt 2a; Et 8 Blatt 2 |
| Fm 1a | ET 2 Blatt 2a, 12, 16, 18; ET 3 Blatt 2a, 7, ET 7 Blatt 5a, 7a |
| „ 2a | |
| „ 3a | ET 2 Blatt 2a, 18; ET 7 Blatt 7a |
| „ 4a | ET 1 Blatt 22, 23; ET 2 Blatt 2a, 18; ET 5 Blatt 1; ET 6 Blatt 2a; ET 7, Blatt 1a, 6a, 8a |
| „ 5a | ET 2 Blatt 6 |
| „ 6a | ET 1 Blatt 22; ET 2 Blatt 18; ET 7 Blatt 7a |
| „ 7a | ET 1 Blatt 23; ET 2 Blatt 2a, 17; ET 5 Blatt 1, 2; ET 7 Blatt 5a, 6a, 8a |

| Zusammen-stellungs-blatt | zugehörende ET-Blätter |
|---|---|
| Fm 8 | ET 1 Blatt 23; ET 2 Blatt 2a; ET 3 Blatt 2a; ET 5 Blatt 1; ET 7 Blatt 6a, 7a; ET 8 Blatt 2 |
| „ 9a | |
| „ 10 | ET 1 Blatt 26, 27; ET 2 Blatt 7, 15, 19; ET 3 Blatt 9; ET 4 Blatt 7; ET 5 Blatt 1, 3; ET 7 Blatt 2a, 3, 5a, 6a, 7a, 8a |
| Lt 1a Blatt 1 | ET 1 Blatt 9a, 10, 11; ET 2 Blatt 15; ET 5 Blatt 1, 2; ET 7 Blatt 5a, 6a, 7a, 8a |
| „ 1a Blatt 2 | ET 1 Blatt 26; ET 2 Blatt 15; ET 5 Blatt 1; ET 7 Blatt 5a, 6a, 7a, 8a |
| „ 2b Blatt 1 | ET 2 Blatt 7; ET 3 Blatt 3a, 8; ET 4 Blatt 4a, 7; ET 7 Blatt 5a, 7a, 8a, 9a |
| „ 2b Blatt 2 | ET 3 Blatt 8; ET 4 Blatt 6, 7; ET 7 Blatt 5a, 7a, 8a, 9a |
| „ 3a Blatt 1 | ET 1 Blatt 4, 9a, 10, 11, 17a, 18; ET 2 Blatt 2a, 7, 10, 15; ET 3 Blatt 2a; ET 4 Blatt 4a; ET 5 Blatt 1, 2; ET 7 Blatt 1a, 2a, 5a, 6a, 7a, 8a; ET 8 Blatt 2 |
| „ 3a Blatt 2 | ET 1 Blatt 4, 9a, 10, 11, 17a, 18; ET 2 Blatt 2a, 7, 15, 20; ET 3 Blatt 9; ET 4 Blatt 4a, 7; ET 5 Blatt 1, 2; ET 7 Blatt 1a, 2a, 5a, 6a, 7a, 8a; ET 8 Blatt 2 |
| „ 4a Blatt 1 | ET 1 Blatt 4, 9a, 10, 11, 17a, 18; ET 2 Blatt 2a, 7, 15; ET 3 Blatt 2a; ET 4 Blatt 4a; ET 5 Blatt 1, 2; ET 7 Blatt 1a, 2a, 5a, 6a, 7a, 8a; ET 8 Blatt 2 |

| Zusammen-stellungs-blatt | zugehörende ET-Blätter |
|---|---|
| Lt  4a Blatt 2 | ET 1 Blatt 4, 9a, 10, 11, 17a, 18; ET 2 Blatt 2a, 7, 15, 20; ET 3 Blatt 9; ET 4 Blatt 4a, 7; ET 5 Blatt 1, 2; ET 7 Blatt 1a, 2a, 5a, 6a, 7a, 8a; ET 8 Blatt 2 |
| „   5a | ET 1 Blatt 25; ET 2 Blatt 15; ET 3 Blatt 8; ET 5 Blatt 1; ET 7 Blatt 3, 6a, 7a, 8a |
| „   6b Blatt 1 | ET 1 Blatt 10, 11, 19a; ET 2 Blatt 15, ET 3 Blatt 2a; ET 4 Blatt 4a; ET 5 Blatt 1, 2; ET 7 Blatt 2a, 5a, 6a, 7a, 8a; ET 8 Blatt 2 |
| „   6b Blatt 2 | ET 1 Blatt 10, 11, 19a; ET 2 Blatt 15, 20; ET 3 Blatt 9; ET 4 Blatt 4a, 7; ET 5 Blatt 1, 2; ET 7 Blatt 2a, 5a, 6a, 7a, 8a; ET 8 Blatt 2 |
| „   7a | ET 4 Blatt 6; ET 7 Blatt 4a, 5a, 7a, 8a |
| „   8a Blatt 1 | ET 1 Blatt 11, 16; ET 2 Blatt 7, 15; ET 3 Blatt 4a; ET 4 Blatt 1, 6; ET 5 Blatt 1, 2; ET 7 Blatt 1a, 2a, 5a, 6a, 7a, 8a |
| „   8a Blatt 2 | ——— |
| „   9a | ——— |
| „  10a | ——— |
| „  11a | ——— |
| „  12a | ——— |
| „  13a | ——— |
| „  14a | ET 2 Blatt 6, 8; ET 3 Blatt 4a; ET 4 Blatt 4a; ET 7 Blatt 8a |
| „  16a | ⎫ ET 2 Blatt 8; ET 3 Blatt 5; |
| „  17a | ⎬ ET 4 Blatt 1, 5a; ET 7 Blatt 5a, 7a |
| „  18b | ⎭ ——— |
| „  19b | ——— |

| Zusammen-stellungs-blatt | zugehörende ET-Blätter |
|---|---|
| Lt 20b | ET 1 Blatt 17a, 20; ET 2 Blatt 7, 15; ET 5 Blatt 1, 2; ET 7 Blatt 5a, 6a, 7a, 8a |
| „ 21a Blatt 1 | ——— |
| „ 21a Blatt 2 | ——— |
| „ 22a Blatt 1 | ET 1 Blatt 10, 11, 18, 20; ET 2 Blatt 7, 10; ET 3 Blatt 2a, 4a; ET 4 Blatt 1, 4a; ET 5 Blatt 1, 2; ET 7 Blatt 1a, 2a, 5a, 6a, 7a, 8a; ET 8 Blatt 2 |
| „ 22a Blatt 2 | ET 1 Blatt 28, 29; ET 2 Blatt 7, 20; ET 3 Blatt 4a, 9; ET 4 Blatt 4a, 7; ET 5 Blatt 1, 2, 3; ET 7 Blatt 3, 5a, 6a, 7a, 8a; ET 8 Blatt 2 |
| „ 23a | ET 1 Blatt 21; ET 7 Blatt 4a |
| „ 24a | ⎫ ET 2 Blatt 14, 15; ET 5 Blatt 1; ET 7 |
| „ 25a | ⎭ Blatt 6a |
| „ 28a | ——— |
| „ 29a Blatt 1 | ——— |
| „ 29a Blatt 2a | ——— |
| „ 30a | ——— |
| „ 38a Blatt 1 | ——— |
| „ 38a Blatt 2 | ——— |
| „ 39a | ⎫ ET 2 Blatt 9, 10, 11, 12, 13, 16, 17 |
| „ 40a | ⎭ ET 3 Blatt 2a, 6; ET 4 Blatt 3; ET 7 Blatt 2a, 4a, 5a, 7a, 8a |
| Lt 41a Blatt 1 | ⎫ ET 2 Blatt 9, 10, 11, 12; ET 3 Blatt 5, 6 |
| „ 41a Blatt 2 | ⎬ ET 4 Blatt 3, ET 7 Blatt 4a, 7a |
| „ 42a | ⎭ |
| „ 43a | ET 2 Blatt 9, 10, 11, 12; ET 3 Blatt 5, 6 ET 4, Blatt 3; ET 7 Blatt 4a, 7a, 8a |
| „ 44a | ——— |
| „ 45a | ET 2 Blatt 9, 10, 11, 12; ET 3 Blatt 5, 6; ET 4 Blatt 3; ET 7 Blatt 4a, 7a |

| Zusammen-stellungs-blatt | zugehörende ET-Blätter |
|---|---|
| ,, 46a | ET 2 Blatt 9, 10, 11, 12; ET 3 Blatt 5, 6, 7; ET 4 Blatt 3; ET 7 Blatt 4a, 7a |
| ,, 47a | ET 2 Blatt 9, 10, 11, 12; ET 3 Blatt 5, 6, 7; ET 4 Blatt 3; ET 7 Blatt 4a, 7a, 9a |
| ,, 48a | ———— |
| ,, 49a | ———— |
| ,, 50 | ———— |
| ,, 51a | ———— |
| ,, 52a | ———— |
| ,, 55a | ———— |
| ,, 56a | ———— |
| ,, 57a | ———— |
| ,, 58a | ———— |
| ,, 59a | ———— |
| ,, 60a | ET 1 Blatt 13, 14, 15; ET 5 Blatt 1; ET 7 Blatt 2a, 5a |
| ,, 61<br>,, 62<br>,, 63 | ET 3 Blatt 1, 2a; ET 4 Blatt 1, 2; ET 7 Blatt 5a, 7a, 8a |
| ,, 64<br>,, 65<br>,, 66 | ET 3 Blatt 1, 2a; ET 4 Blatt 1, 2<br>ET 7 Blatt 5a, 7a |
| ,, 67<br>,, 68<br>,, 69 | ET 3 Blatt 1, 2a; ET 4 Blatt 1, 3<br>ET 7 Blatt 5a, 7a, 8a |
| ,, 75 | ET 2 Blatt 13; ET 3 Blatt 6, 7; ET 4 Blatt 5a, 6; ET 7 Blatt 2a, 5a, 7a |
| ,, 76a | ———— |
| ,, 81 | ———— |
| ,, 82 | ———— |
| ,, 83 | ———— |
| ,, 84 | ———— |
| ,, 85 | ———— |
| ,, 86 | ———— |
| ,, 87 | ———— |

## Zu den Einzelteilblättern gehörende Zusammenstellungsblätter

| ET-Blatt | zugehörende Zusammenstellungsblätter |
|---|---|
| | **Gruppe ET 1: Gußteile** |
| ET 1 Blatt 1 | Bel 1a, 2a, 3a, 4a, 5a Blatt 2, 14a, 15a |
| „ „ 2 | Bel 3a, 4a, 15a |
| „ „ 3 | Bel 28a |
| „ „ 4 | Bel 6a, 7a, 8a, 11a, Lt 3a, Blatt 1 und 2, 4a Blatt 1 und 2 |
| „ „ 5 | Bel 6a, 7a |
| „ „ 6 | Bel 8a, 11a |
| „ „ 7 | Bel 3a, 5a Blatt 1 |
| „ „ 8 | Bel 3a, 4a, 5a Blatt 1 |
| „ „ 9a | Lt 1a Blatt 1, 3a Blatt 1 und 2, 4a Blatt 1 und 2 |
| „ „ 10 | Lt 1a Blatt 1, 3a Blatt 1 und 2, 4a Blatt 1 und 2, 6b Blatt 1 und 2, 22a Blatt 1 |
| „ „ 11 | Lt 1a Blatt 1, 3a Blatt 1 und 2, 4a Blatt 1 und 2, 6b Blatt 1 und 2, 8a Blatt 1, 22a Blatt 1 |
| „ „ 12 | Bel 12a |
| „ „ 13 | Lt 60a |
| „ „ 14 | Lt 60a |
| „ „ 15 | Lt 60a |
| „ „ 16 | Bel 9a, Lt 8a Blatt 1 |
| „ „ 17a | Lt 3a Blatt 1 und 2, 4a Blatt 1 und 2, 20b |
| „ „ 18 | Lt 3a Blatt 1 und 2, 4a Blatt 1 und 2, 22a Blatt 1 |
| „ „ 19a | Lt 6b Blatt 1 und 2 |
| „ „ 20 | Lt 20b, 22a Blatt 1 |
| „ „ 21 | Lt 23a |
| „ „ 22 | Bel 12a, Fm 4a, 6a |
| „ „ 23 | Fm 4a, 7a, 8 |

| ET-Blatt | zugehörende Zusammenstellungsblätter |
|---|---|
| ET 1 Blatt 24 | Bel 12a |
| ″ ″ 25 | Lt 5a |
| ″ ″ 26 | Lt 1a Blatt 2, Fm 10 |
| ″ ″ 27 | Fm 10 |
| ″ ″ 28 | Lt 22a Blatt 2 |
| ″ ″ 29 | Lt 22a Blatt 2 |
| ″ ″ 30 | Bel 5a Blatt 2 |
| | **Gruppe ET 2: Stanz-, Drück- und Ziehteile** |
| ET 2 Blatt 1a | Bel 20a, 21a |
| ″ ″ 2a | Bel 1a, 2a, 6a, 7a, 8a, 11a, 14a, 28a, Fm 1a, 3a, 7a, 8, Lt 3a Blatt 1 und 2, 4a Blatt 1 und 2 |
| ″ ″ 3a | Bel 8a |
| ″ ″ 4 | Bel 11a |
| ″ ″ 5 | Bel 11a |
| ″ ″ 6 | Bel 3a, 4a, 5a Blatt1, 12a, 30a, Fm 5a, Lt 14a |
| ″ ″ 7 | Bel 9a, 12a, Fm 10, Lt 2b Blatt 1, 3a Blatt 1 und 2, 4a Blatt 1 und 2, 6b Blatt 1 und 2, Lt 8a Blatt 1, 20b, 22a Blatt 1 und 2 |
| ″ ″ 8 | Lt 14a, 16a, 17a |
| ″ ″ 9 | Lt 39a, 40a, 41a Blatt 1 und 2, 42a, 43a, 45a, 46a, 47a |
| ″ ″ 10 | Lt 3a Blatt 1 und 2, 22a Blatt 1, 39a, 40a, 41a Blatt 1 und 2, 42a, 45a, 46a, 47a |
| ″ ″ 11 | Lt 39a, 40a, 41a Blatt 1 und 2, 42a, 43a, 45a, 46a, 47a |
| ″ ″ 12 | Fm 1a, Lt 39a, 40a, 41a Blatt 1 und 2, 42a, 43a, 45a, 46a, 47a |
| ″ ″ 13 | Lt 39a, 40a, 75 |
| ″ ″ 14 | Lt 24a, 25a |

| ET-Blatt | zugehörende Zusammenstellungsblätter |
|---|---|
| ET 2 Blatt 15 | Bel 1a, 2a, 3a, 4a, 5a Blatt 1 und 2, 6a, 7a, 17, Fm 8, 10, Lt 1a Blatt 1 und 2, 3a Blatt 1 und 2, 4a Blatt 1 und 2, 5a, 6b Blatt 1 und 2, 8a Blatt 1, 20b, 22a Blatt 1 und 2, 24a, 25a |
| „  „  16 | Fm 1a, Lt 39a, 40a |
| „  „  17 | Fm 7a, Lt 39a, 40a |
| „  „  18 | Bel 28a, Fm 1a, 3a, 4a, 6a |
| „  „  19 | Bel 10b, Fm 10 |
| „  „  20 | Lt 3a Blatt 2, 4a Blatt 2, 6b Blatt 2, 22a Blatt 2 |

## Gruppe ET 3: Isolierteile

| | |
|---|---|
| ET 3 Blatt 1a | Keine (Vorschriften für Isoliermaterial) |
| „  „  2a | Bel 28a, Fm 1a, 8, Lt 3a Blatt 1, 4a Blatt 1, 6b Blatt 1, 22a Blatt 1, 39a, 40a, 61, 62, 63, 64, 65, 66, 67, 68, 69 |
| „  „  3a | Bel 8a, 11a, Lt 2b Blatt 1 und 2 |
| „  „  4a | Lt 8a Blatt 1, 14a, 22a Blatt 1 und 2 |
| „  „  5 | Lt 16a, 17a, 41a Blatt 1 und 2, 42a, 43a, 45a, 46a, 47a |
| „  „  6 | Lt 39a, 40a, 41a Blatt 1 und 2, 42a, 43a, 45a, 46a, 47a, 75 |
| „  „  7 | Fm 1a, Lt 46a, 47a, 75 |
| „  „  8 | Lt 2b Blatt 1 und 2, 5a |
| „  „  9 | Fm 10, Lt 3a Blatt 2, 4a Blatt 2, 6b Blatt 2, 22a Blatt 2 |
| „  „  10 | Bel 10b |

## Gruppe ET 4: Kontaktteile

| | |
|---|---|
| ET 4 Blatt 1 | Bel 8a, 11a, Lt 8a Blatt 1, 16a, 17a, 22a Blatt 1, 61, 62, 63, 64, 65, 66, 67, 68, 69 |
| „  „  2 | Lt 61, 62, 63, 64, 65, 66 |

| ET-Blatt | zugehörende Zusammenstellungsblätter |
|---|---|
| ET 4 Blatt 3 | Lt 39a, 40a, 41a Blatt 1 und 2, 42a, 43a, 45a, 46a, 47a, 67, 68, 69 |
| „   „   4a | Lt 2b Blatt 1, 3a Blatt 1 und 2, 4a Blatt 1 und 2, 6b Blatt 1 und 2, 14a, 22a Blatt 1 und 2 |
| „   „   5a | Lt 16a, 17a, 75 |
| „   „   6 | Lt 2b Blatt 2, 7a, 8a Blatt 1, 75 |
| „   „   7 | Fm 10, Lt 2b Blatt 1 und 2, 3a Blatt 2, 4a Blatt 2, 6b Blatt 2, 22a Blatt 2 |

### Gruppe ET 5: Dichtteile

| | |
|---|---|
| ET 5 Blatt 1 | Bel 1a, 2a, 3a, 4a, 5a Blatt 1 und 2, 6a, 7a, 8a, 10b, 11a, 12a, 14a, 15a, 17, Fm 4a, 7a, 8, 10, Lt 1a Blatt 1 und 2, 3a Blatt 1 und 2, 4a Blatt 1 und 2, 5a, 6b Blatt 1 und 2, 8a Blatt 1, 20b, 22a Blatt 1 und 2, 24a, 25a, 60a. |
| „   „   2 | Bel 3a, 4a, 5a Blatt 1, 6a, 7a, 8a, 11a, 12a, 28a, Fm 7a, Lt 1a Blatt 1, 3a Blatt 1 und 2, 4a Blatt 1 und 2, 6b Blatt 1 und 2, 8a Blatt 1, 20b, 22a Blatt 1 und 2 |
| „   „   3 | Bel 10b, Fm 10, Lt 22a Blatt 2 |

### Gruppe ET 6: Glasteile

| | |
|---|---|
| ET 6 Blatt 1 | Bel 1a, 2a, 3a, 4a, 5a Blatt 1, 6a, 7a, 10b, 14a, 15a, 25a, 28a |
| „   „   2a | Bel 5a Blatt 2, 12a, 17, Fm 4a |

### Gruppe ET 7: Befestigungsteile

| | |
|---|---|
| ET 7 Blatt 1a | Bel 3a, 4a, 5a Blatt 1, 6a, 7a, 8a, 11a, 12a, 28a, Fm 4a, Lt 3a Blatt 1 und 2, 4a Blatt 1 und 2, 8a Blatt 1, 22a Blatt 1 |

| ET-Blatt | zugehörende Zusammenstellungsblätter |
|---|---|
| ET 7 Blatt 2a | Bel 8a, 11a, 25a, 30a, Fm 10, Lt 3a Blatt 1 und 2, 4a Blatt 1 und 2, 6b Blatt 1 und 2, 8a Blatt 1, 22a Blatt 1 |
| „ „ 3 | Lt 5a, 22a Blatt 2, Fm 10 |
| „ „ 4a | Bel 1a, 2a, 6a, 7a, 8a, 10b, 11a, 14a, 15a, Lt 7a, 23a, 39a, 40a, 41a Blatt 1 und 2, 42a, 43a, 45a, 46a, 47a |
| „ „ 5a | Bel 3a, 4a, 5a Blatt 1, 6a, 7a, 8a, 11a, 12a, 28a, Fm 1a, 7a, 10, Lt 1a Blatt 1 und 2, 2b Blatt 1 und 2, 3a, Blatt 1 und 2, 4a Blatt 1 und 2, 6b Blatt 1 und 2, 7a, 8a Blatt 1, 16a, 17a, 20b, 22a Blatt 1 und 2, 39a, 40a, 60a, 61, 62, 63, 64, 65, 66, 67, 68, 69, 75 |
| „ „ 6a | Bel 1a, 2a, 3a, 4a, 5a Blatt 1 und 2, 6a, 7a, 8a, 10b, 11a, 12a, 17, 28a, Fm 4a, 7a, 8, 10, Lt 1a Blatt 1 und 2, 3a Blatt 1 und 2, 4a Blatt 1 und 2, 5a, 6b Blatt 1 und 2, 8a Blatt 1, 20b, 22a Blatt 1 und 2, 24a, 25a |
| „ „ 7a | Bel 1a, 2a, 3a, 4a, 5a Blatt 1 und 2, 6a, 7a, 8a, 10b, 11a, 12a, 14a, 15a, Fm 1a, 3a, 6a, 10, Lt 1a Blatt 1 und 2, 2b Blatt 1 und 2, 3a Blatt 1 und 2, 4a Blatt 1 und 2, 5a, 6b Blatt 1 und 2, 7a, 8a Blatt 1, 16a, 17a, 20b, 22a Blatt 1 und 2, 39a, 40a, 41a Blatt 1 und 2, 42a, 43a, 45a, 46a, 47a, 61, 62, 63, 64, 65, 66, 67, 68, 69, 75 |
| „ „ 8a | Bel 1a, 2a, 8a, 9a, 10b, 11a, 14a, 15a, 20a, 28a, Fm 4a, 7a, 10 |

| ET-Blatt | zugehörende Zusammenstellungsblätter |
|---|---|
| ET 7 Blatt 8a | Lt 1a Blatt 1 und 2, 2b Blatt 1 und 2, 3a Blatt 1 und 2, 4a Blatt 1 und 2, 5a, 6b Blatt 1 und 2, 7a, 8a Blatt 1, 14a, 20b, 22a Blatt 1 und 2, 39a, 40a, 43a, 61, 62, 63, 67, 68, 69 |
| "   "  9a | Bel 3a, 4a, 5a Blatt 1, 6a, 7a, 12a, 28a, Lt 2b Blatt 2, 47a |

### Gruppe ET 8: Verschiedenes

| | |
|---|---|
| ET 8 Blatt 1 | Bel 1a, 2a, 8a, 10b, 11a, 28a |
| "   "  2 | Bel 9a, 30a, Fm 8, Lt 3a Blatt 1 und 2, 4a Blatt 1 und 2, 6b Blatt 1 und 2, 22a Blatt 1 und 2 |

### Telegraphen
(Hierzu keine ET-Blätter)

*Tg 1 bis 10 unter Maschinenbaunormen*

| | |
|---|---|
| Tg 11 | Schiffstelegraphen Elektrische Maschinen-Telegraphen Einfacher Brücken-Apparat, einseitig |
| Tg 12 | Schiffstelegraphen Elektrische Maschinen-Telegraphen Einfacher Brücken-Apparat, zweiseitig |
| Tg 13 | Schiffstelegraphen Elektrische Maschinen-Telegraphen Zweifacher Brükken-Apparat |
| Tg 14 | Schiffstelegraphen Elektrische Maschinen-Telegraphen Maschinenraum-Apparat |

*Tg 15 bis 18 unter Maschinenbaunormen*

## 2. Leistungstafel kW umgerechnet in PS

Für kleinere Leistungen als 1 kW sind die zugehörenden PS-Werte ebenfalls dieser Tabelle zu entnehmen, indem das Komma entsprechend nach links gerückt wird; z. B.: die zu 200 W gehörende PS Leistung ist der 2 kW-Zeile zu entnehmen und beträgt 0,27 PS. Für Leistungen über 99 kW ist das Komma entsprechend nach rechts zu rücken.

| 1 | 2 | 3 | 4 | 5 | 6 | 7 | 8 |
|---|---|---|---|---|---|---|---|
| 1 bis 1,95 kW | | 2 bis 2,95 kW | | 3 bis 4,9 kW | | 5 bis 6,9 kW | |
| kW | PS | kW | PS | kW | PS | kW | PS |
| 1,00 | 1,36 | 2,00 | 2,72 | 3,0 | 4,08 | 5,0 | 6,80 |
| 1,05 | 1,43 | 2,05 | 2,79 | 3,1 | 4,21 | 5,1 | 6,93 |
| 1,10 | 1,50 | 2,10 | 2,85 | 3,2 | 4,35 | 5,2 | 7,07 |
| 1,15 | 1,56 | 2,15 | 2,91 | 3,3 | 4,49 | 5,3 | 7,20 |
| 1,20 | 1,63 | 2,20 | 2,99 | 3,4 | 4,62 | 5,4 | 7,34 |
| 1,25 | 1,70 | 2,25 | 3,06 | 3,5 | 4,76 | 5,5 | 7,48 |
| 1,30 | 1,77 | 2,30 | 3,13 | 3,6 | 4,89 | 5,6 | 7,61 |
| 1,35 | 1,83 | 2,35 | 3,20 | 3,7 | 5,03 | 5,7 | 7,75 |
| 1,40 | 1,90 | 2,40 | 3,26 | 3,8 | 5,17 | 5,8 | 7,88 |
| 1,45 | 1,97 | 2,45 | 3,33 | 3,9 | 5,30 | 5,9 | 8,02 |
| 1,50 | 2,04 | 2,50 | 3,40 | 4,0 | 5,44 | 6,0 | 8,16 |
| 1,55 | 2,11 | 2,55 | 3,47 | 4,1 | 5,57 | 6,1 | 8,30 |
| 1,60 | 2,17 | 2,60 | 3,53 | 4,2 | 5,71 | 6,2 | 8,43 |
| 1,65 | 2,24 | 2,65 | 3,60 | 4,3 | 5,85 | 6,3 | 8,57 |
| 1,70 | 2,31 | 2,70 | 3,67 | 4,4 | 5,98 | 6,4 | 8,70 |
| 1,75 | 2,38 | 2,75 | 3,74 | 4,5 | 6,12 | 6,5 | 8,84 |
| 1,80 | 2,45 | 2,80 | 3,81 | 4,6 | 6,25 | 6,6 | 8,97 |
| 1,85 | 2,51 | 2,85 | 3,87 | 4,7 | 6,39 | 6,7 | 9,11 |
| 1,90 | 2,58 | 2,90 | 3,94 | 4,8 | 6,51 | 6,8 | 9,24 |
| 1,95 | 2,65 | 2,95 | 4,01 | 4,9 | 6,66 | 6,9 | 9,38 |

# Leistungstafel kW umgerechnet in PS

| 1 | 2 | 3 | 4 | 5 | 6 | 7 | 8 |
|---|---|---|---|---|---|---|---|
| 7 bis 8,9 kW | | 9 bis 14,5 kW | | 15 bis 24,5 kW | | 25 bis 39 kW | |
| kW | PS | kW | PS | kW | PS | kW | PS |
| 7,0 | 9,51 | 9,0 | 12,23 | 15,0 | 20,4 | 25,0 | 34,0 |
| 7,1 | 9,65 | 9,1 | 12,37 | 15,5 | 21,1 | 25,5 | 34,7 |
| 7,2 | 9,79 | 9,2 | 12,51 | 16,0 | 21,7 | 26,0 | 35,3 |
| 7,3 | 9,92 | 9,3 | 12,64 | 16,5 | 22,4 | 26,5 | 36,0 |
| 7,4 | 10,06 | 9,4 | 12,78 | 17,0 | 23,1 | 27,0 | 36,7 |
| 7,5 | 10,20 | 9,5 | 12,91 | 17,5 | 23,8 | 27,5 | 37,4 |
| 7,6 | 10,33 | 9,6 | 13,05 | 18,0 | 24,5 | 28,0 | 38,1 |
| 7,7 | 10,47 | 9,7 | 13,18 | 18,5 | 25,1 | 28,5 | 38,7 |
| 7,8 | 10,60 | 9,8 | 13,32 | 19,0 | 25,8 | 29,0 | 39,4 |
| 7,9 | 10,74 | 9,9 | 13,46 | 19,5 | 26,5 | 29,5 | 40,1 |
| 8,0 | 10,88 | 10,0 | 13,6 | 20,0 | 27,2 | 30 | 40,8 |
| 8,1 | 11,01 | 10,5 | 14,3 | 20,5 | 27,9 | 31 | 42,1 |
| 8,2 | 11,15 | 11,0 | 15,0 | 21,0 | 28,5 | 32 | 43,5 |
| 8,3 | 11,28 | 11,5 | 15,6 | 21,5 | 29,2 | 33 | 44,9 |
| 8,4 | 11,42 | 12,0 | 16,3 | 22,0 | 29,9 | 34 | 46,2 |
| 8,5 | 11,55 | 12,5 | 17,0 | 22,5 | 30,6 | 35 | 47,6 |
| 8,6 | 11,70 | 13,0 | 17,7 | 23,0 | 31,3 | 36 | 48,9 |
| 8,7 | 11,83 | 13,5 | 18,3 | 23,5 | 32,0 | 37 | 50,3 |
| 8,8 | 11,96 | 14,0 | 19,0 | 24,0 | 32,6 | 38 | 51,7 |
| 8,9 | 12,10 | 14,5 | 19,7 | 24,5 | 33,3 | 39 | 53,0 |

# Leistungstafel kW umgerechnet in PS

| 1 | 2 | 3 | 4 | 5 | 6 | 7 | 8 |
|---|---|---|---|---|---|---|---|
| 40 bis 54 kW | | 55 bis 69 kW | | 70 bis 84 kW | | 85 bis 99 kW | |
| kW | PS | kW | PS | kW | PS | kW | PS |
| 40 | 54,4 | 55 | 74,8 | 70 | 95,1 | 85 | 115,5 |
| 41 | 55,7 | 56 | 76,1 | 71 | 96,5 | 86 | 117,0 |
| 42 | 57,1 | 57 | 77,5 | 72 | 97,9 | 87 | 118,3 |
| 43 | 58,5 | 58 | 78,8 | 73 | 99,2 | 88 | 119,6 |
| 44 | 59,8 | 59 | 80,2 | 74 | 100,6 | 89 | 121,0 |
| 45 | 61,2 | 60 | 81,6 | 75 | 102,0 | 90 | 122,3 |
| 46 | 62,5 | 61 | 83,0 | 76 | 103,3 | 91 | 123,7 |
| 47 | 63,9 | 62 | 84,3 | 77 | 104,7 | 92 | 125,1 |
| 48 | 65,2 | 63 | 85,7 | 78 | 106,0 | 93 | 126,4 |
| 49 | 66,6 | 64 | 87,0 | 79 | 107,4 | 94 | 127,8 |
| 50 | 68,0 | 65 | 88,4 | 80 | 108,8 | 95 | 129,1 |
| 51 | 69,3 | 66 | 89,7 | 81 | 110,1 | 96 | 130,5 |
| 52 | 70,7 | 67 | 91,1 | 82 | 111,5 | 97 | 131,8 |
| 53 | 72,0 | 68 | 92,4 | 83 | 112,8 | 98 | 133,2 |
| 54 | 73,4 | 69 | 93,8 | 84 | 114,2 | 99 | 134,6 |

# 3. Einheiten Kurzzeichen nach DIN 1301

| | | | |
|---|---|---|---|
| A | Ampere | U | Umdrehung |
| V | Volt | U/min | Umdrehungen in der Minute |
| Ω | Ohm | | |
| S | Siemens | | |
| C | Coulomb | h | Stunde |
| J | Joule | m | Minute |
| W | Watt | min | Minute (alleinstehend) |
| F | Farad | s | Sekunde |
| H | Henry | | |
| mA | Milliampere | \multicolumn{2}{l}{Uhrzeit: Zeichen h, m, s erhöht} |
| kW | Kilowatt | | |
| MW | Megawatt | \multicolumn{2}{l}{Beispiel: $2^h 25^m 3^s$} |
| μF | Mikrofarad | | |
| MΩ | Megohm | | |
| kVA | Kilovoltampere | km | Kilometer |
| MVA | Megavoltampere | m | Meter |
| Ah | Amperestunde | cm | Zentimeter |
| kWh | Kilowattstunde | mm | Millimeter |
| Hz | Hertz (anstelle von Per/s) | | |
| | | $m^2$ | Quadratmeter |
| PS | Pferdestärke | $cm^2$ | Quadratzentimeter |
| | | $mm^2$ | Quadratmillimeter |
| t | Tonne | | |
| kg | Kilogramm | $m^3$ | Kubikmeter |
| g | Gramm | $cm^3$ | Kubikzentimeter |
| mg | Milligramm | $mm^3$ | Kubikmillimeter |
| °C | Celsiusgrad | | |
| cal | Kalorie (Grammkalorie) | | |
| kcal | Kilokalorie | | |